RECUEIL

DE PLANCHES,

SUR

LES SCIENCES,

LES ARTS LIBÉRAUX,

E T

LES ARTS MÉCHANIQUES,

AVEC LEUR EXPLICATION.

DESSIN ET PEINTURE

A PARIS,

AVEC APPROBATION ET PRIVILEGE DU ROY.

DESSEIN,

CONTENANT 39 PLANCHES, DONT 37 SIMPLES ET UNE DOUBLE.

LA collection que nous préfentons ici, nous a paru devoir être rangée dans l'ordre que l'on fuit ordinairement pour former des éleves, en les conduifant pas-à-pas des élémens les plus fimples aux plus compofés. M. Cochin le fils, qui a bien voulu agréer ce plan & en diriger l'exécution, a auffi enrichi ce recueil de la vignette & de plufieurs autres deffeins. Il eft inutile de faire l'éloge de ces morceaux; le talent de cet Artifte eft affez connu. La vignette préfente fous un même coup-d'œil les différentes claffes, par lefquelles on paffe fucceffivement pour parvenir à la parfaite imitation de la nature, qui eft le but de l'art.

L'art du Deffein, né de la fenfation qu'ont éprouvé les hommes dans tous les tems à l'afpect du tableau de l'univers, eft l'effet de l'hommage & du refpect que nous rendons à la nature & à fes productions. Rien n'étoit fi naturel à l'homme, que de chercher à retracer aux yeux de fes femblables une idée nette & reffemblante des objets qui l'avoient affecté, foit afin de perpétuer le fouvenir des hommes qu'il regardoit ou comme fes bienfaiteurs, ou comme les bienfaiteurs de l'humanité; foit pour tranfmettre à la poftérité ces événemens, ces fcènes intéreffantes, que les circonftances des tems & des lieux, les mœurs, la religion, le coftume & la nature du climat varient de tant de manieres différentes. Si l'on confidere chaque objet en particulier, & combien d'objets concourent enfemble à former un tableau; quelles difficultés n'a-t-on pas dû rencontrer? combien d'efpeces différentes qui ont chacune des formes & des caracteres diftinctifs dans chaque *genre*! Il n'exifte rien dans la nature qui ne puiffe avoir infpiré aux hommes la noble émulation de deffiner. Elle fut leur premier maître, comme elle le fera toujours; la raifon leur donna des principes, & l'expérience leur fit trouver des proportions & des rapports qui ont applani bien des difficultés.

C'eft à cet art pouffé au plus haut degré de perfection que nous fommes redevables de la *Peinture*, de la *Sculpture*, de la *Gravure*.

Tous les *genres* font également honneur aux Artiftes qui s'y diftinguent, quoique les uns foient fufceptibles de beaucoup plus de difficultés que les autres. L'étude de la *figure* qui comprend généralement l'imitation de la forme & des mouvemens du corps humain, la repréfentation de nos actions & de nos vêtemens; l'étude des *animaux*, du *paifage*, des *plantes*, des *coquillages*, des *infectes*, &c. font des genres particuliers variés par les formes & les caracteres, mais tous fondés fur les mêmes principes, quant à la maniere de les exprimer; parce que la nature agit fur tous les corps de la même maniere, & avec la même *harmonie*. Chacun de ces genres fe fubdivife; par exemple, celui de la figure produit le *genre de l'hiftoire*, des *batailles*, du *portrait*, &c. *Voyez* GENRE.

Le plus noble de tous ces *genres* eft fans contredit celui-ci, par toutes les beautés qu'il préfente. Que l'on confidere les rapports & l'analogie des parties du corps qui doivent concourir à exprimer, par exemple, les paffions des hommes, leur caractere, leurs actions, leur état, leur âge, leur force, &c. on conviendra facilement de ce que nous avançons, & que les difficultés des autres genres n'approchent pas de celles qu'il offre à chaque trait.

C'eft donc par cette raifon, toutes chofes étant égales d'ailleurs, que nous nous fommes appliqués particulierement à traiter de la figure; les principes de ce genre étant bien connus, il eft aifé d'en faire l'application aux autres, puifqu'ils peuvent s'exécuter de la même maniere & par les mêmes combinaifons.

L'*Anatomie* & la *Perfpective* font des fciences également néceffaires au genre dont nous parlons: l'Anatomie pour connoître la charpente du corps humain, c'eft-à-dire les os qui modifient la forme extérieure du corps en général, & celle de chaque membre en particulier; pour donner aux mufcles leurs véritables pofitions, & pour pouvoir les accufer convenablement à l'action qu'ils ont fur les membres & aux mouvemens qu'ils leur impriment. La Perfpective, pour bien concevoir les plans *d'une figure* ou *d'un groupe*, *voyez* GROUPE, pour exprimer les racourcis & la diminution des corps, à mefure qu'ils s'éloignent de l'œil du fpectateur, & pour pouvoir mettre en même tems de l'intelligence dans les *groupes de lumiere*, & d'ombre par rapport aux plans qu'ils occupent. Les deffeins de nos grands maîtres prouvent clairement qu'ils avoient fait une étude férieufe de ces fciences, qu'ils regardoient comme la bafe fondamentale du deffein: en effet, lorfqu'on les poffede, non-feulement on s'épargne beaucoup de tems & de peine, & l'on ne fait rien au hazard; mais tout ce que l'on deffine d'après nature, porte avec foi ce caractere de vérité & de précifion qui frappe au premier coup-d'œil.

Pour parvenir à la pratique du deffein, nous avons repréfenté dans les premieres Planches de cet Ouvrage, les inftrumens dont on fe fert, fuivant les différentes manieres dans lefquelles on veut traiter fon deffein; comme le porte-crayon, l'eftompe, le pinceau, la plume. *Voyez* Planche II. Le compas, la regle, le chevalet, le pantographe, la chambre obfcure, le mannequin font regardés comme des moyens de faire plus commodément ou plus facilement les différens objets que l'on a à copier. *Voyez* Planches III. IV. V. VI. VII.

Quoique nous joignions à chaque Planche une explication qui en indique le fujet, & l'application que l'on en doit faire, nous croyons cependant néceffaire de dire quelque chofe fur la maniere de fe conduire en deffinant d'après le *deffein*, d'après la *boffe* & d'après *nature*.

Deffein d'après l'exemple.

La Planche VIII. de ce recueil repréfente des ovales de têtes, vues de *face*, de *trois-quarts*, de *profil*, *levées*, *baiffées*, *panchées*, &c. C'eft par-là qu'un éleve doit commencer: il doit s'exercer à les tracer au crayon jufqu'à ce qu'il en ait faifi les divifions, & les lignes fur lefquelles font pofés les yeux, le nez, la bouche, & les oreilles; parce que c'eft de ce principe bien conçu que l'on parvient à mettre une tête *enfemble*, dans quelque fituation qu'elle foit. Il copiera enfuite toutes les parties de la tête prifes féparément, c'eft ce que repréfentent les Planches IX. & X.

L'éleve paffera enfuite aux têtes entieres, Pl. XI. & fera ufage des principes qu'il vient de copier, c'eft-à-dire, par exemple, qu'il doit faire attention que les lignes fur lefquelles font placés les yeux, le nez, la bouche, & les oreilles, font paralleles entr'elles, & que, quoique ces lignes ne foient point tracées fur l'original qu'il a devant lui, ce principe y eft obfervé. D'après ces confidérations, il commencera par tracer ou *efquiffer* légérement le tout enfemble: en comparant les parties les unes avec les autres, & aux diftances qui les féparent, il s'affûrera fi fon deffein eft conforme à l'original; alors il donnera plus de fermeté à cet *enfemble*, c'eft-à-dire qu'il s'affûrera davantage ce qu'il vient d'efquiffer; puis il y ajoutera les ombres, en fuivant exactement fon original. Il établira d'abord les principales maffes d'ombre, qu'il adoucira vers la lumiere par des demi-teintes, en chargeant moins son deffein de crayon. Il comparera auffi les parties ombrées les unes aux autres, les demi-teintes aux réflets, & il réfervera fes derniers coups de crayon pour les touches les plus fortes.

L'éleve continuera à copier des deffeins de têtes vues de différens côtés, jufqu'à ce qu'il foit affez familiarifé avec ces premiers principes, pour s'y conformer paffablement.

Il deffinera enfuite des piés & des mains, des bras & des jambes, Pl. XII. & XIII. Il s'appliquera fur-tout à mettre enfemble bien jufte, & il ombrera comme nous venons de dire.

Après cette étude réitérée, l'éleve copiera des *académies* ou figures entieres, Pl. XV. XVI. XVII. XVIII. & XIX. mais auparavant il doit en connoître les proportions générales : c'eft à cet ufage que nous avons deftiné la Pl. XIV. En commençant fon deffein, il s'attachera à faifir le tour ou le mouvement de la figure qui lui fert de modele, en l'efquiffant légérement au crayon ; il obfervera fur ce modele les parties qui fe correfpondent perpendiculairement & horifontalement, afin de les mettre chacune à leur place les unes à l'égard des autres. Aidé par les proportions qu'il connoît déja, il fe conformera à celles du deffein qu'il copie, c'eft-à-dire aux proportions réciproques de toutes les parties, à la figure entiere. Enfin lorfqu'il croira être fûr de toutes ces chofes, il fortifiera les contours de fa figure en y donnant toutes les fineffes de détail, le caractere & la légéreté de l'original ; il indiquera les formes extérieures & apparentes, occafionnées par la pofition intérieure des mufcles, les maffes d'ombre & de lumiere. C'eft ce que l'on nomme mettre *enfemble* ou *au trait* une figure, comme on voit la Pl. XIV. Alors il finira fon deffein, c'eft-à-dire qu'il l'ombrera, comme nous avons dit ci-deffus en obfervant la comparaifon des ombres, avec les demi-teintes & les réflets du deffein original. Il faut commencer par établir légérement toutes les maffes d'ombre, afin de pouvoir les porter petit-à-petit au ton de celles de fon exemple, en fe réfervant pour la fin de donner les forces & les touches les plus vigoureufes ; ménager les réflets, fortifier les endroits qui n'en reçoivent point, & bien faire attention aux demi-teintes qui lient les lumieres aux ombres d'une maniere infenfible, & empêchent les ombres de trancher ; enfin fuivre de point en point ce qu'on a fous les yeux ; car copier un deffein, c'eft l'imiter de telle maniere, que l'on puiffe prendre la copie pour l'original. Il faut s'exercer à plufieurs reprifes fur différens deffeins de têtes, piés, mains, académies, figures de *femmes*, *enfans*, figures drapées; *voyez* les Planches depuis la onzieme jufqu'à la vingt-huitieme, & on deffinera indifféremment, foit au crayon de fanguine ou de pierre noire fur du papier blanc, foit au crayon noir & blanc fur du papier de demi-teinte, comme *gris*, *bleu*, ou couleur de *chair* tendre, que l'on fabrique exprès pour les Deffinateurs.

Toutes ces manieres de deffiner reviennent au même; fi, par exemple, on deffine fur du papier de demi-teinte, le ton du papier formera naturellement les demi-teintes, & l'on rehauffera les lumieres avec le crayon blanc. Par conféquent on chargera moins fon deffein de crayon de fanguine, ou de pierre noire pour former les ombres. Au lieu que, lorfque l'on deffine fur le papier blanc, les plus fortes lumieres font formées par le papier même, on eft obligé de faire les demi-teintes avec le crayon de couleur, & on charge les ombres à proportion, fuivant fon original.

Par l'étude que nous venons de prefcrire ; l'éleve acquérera ce coup-d'œil jufte, cette habitude & cette facilité à manier le crayon, que l'on nomme *pratique*, qui doivent être le principal objet du tems qu'il y employera, s'il veut faire quelque progrès dans l'art : par-là il fera en état de deffiner d'après la boffe, pour fe préparer à deffiner d'après la nature.

Deffein d'après la boffe.

Dans cette étude l'attention devient encore plus né-

ceffaire, & les difficultés qu'éprouve l'éleve, deviennent plus grandes. Il faut qu'il raifonne ce qu'il a fait, ce qu'il va faire & ce qu'il va voir, d'après ce qu'il a vu dans les deffeins des maîtres qu'il vient de copier ; il faut qu'il connoiffe les os par leurs noms, par leurs formes & leurs articulations ; qu'il connoiffe les mufcles qui les enveloppent, leur *origine*, leur *infertion*, leurs *fonctions* & leurs formes, afin de pouvoir y donner le caractere & la vraifemblance qui conviennent au mouvement d'une figure; c'eft l'étude de l'*Anatomie* qui doit le guider maintenant. Nous renvoyons à nos Planches anatomiques, Pl. I. II. III. IV. V. XI. XII. nous les croyons plus que fuffifantes pour ce qui regarde le deffein, & nous n'avons pas jugé à propos de les répéter ici, afin d'éviter un double emploi.

Il faut que l'éleve étudie le fquelette & le deffine de différens côtés, *voyez* Pl. I. II. III. Il étudiera pareillement l'écorché, & le deffinera de tous les côtés, *voyez* Pl. IV. V. VI. XI. & XII. Le fruit qui réfultera de cette étude, le conduira à deffiner d'après la *boffe* & d'après nature avec difcernement, & à donner à ce qu'il fera un caractere vraifemblable.

Les figures antiques que nous poffedons, telles que *l'Hercule Farnefe*, *l'Antinoüs*, *l'Apollon*, *la Vénus de Médicis*, *le Laocoon*, *le Torfe*, *voyez* Pl. XXXIV. XXXV. XXXVI. XXXVII. & XXXVIII. Tant d'autres offrent aux artiftes les moyens de connoître les belles formes & l'élégance des proportions. Ces chef-d'œuvres de l'art font précieux; leurs célebres auteurs ont, en les formant, corrigé les défauts de la nature commune, & par le beau choix dont elles font, l'on peut dire qu'elles raffemblent chacune relativement à ce qu'elles repréfentent, tout le caractere, toute l'élégance & toutes les graces, qu'il eft prefque impoffible de trouver réunies dans un même fujet animé.

Avant que de les deffiner en entier, on en deffinera les parties féparément, comme têtes, piés & mains ; on fera enfuite toute la figure ; pour mettre *enfemble*, on s'y prendra, comme nous l'avons dit des académies, & on ombrera en fuivant exactement l'effet du modele, & en comparant les maffes d'ombre aux réflets & aux demi-teintes. Le but de cette étude eft de préparer l'éleve à deffiner d'après nature, & de lui faire connoître les belles proportions & les belles formes.

On deffine d'après la *boffe* au jour ou à la lampe avec tel crayon, ou fur tel papier que l'on juge à propos, ainfi que d'après nature.

L'éleve, avant que deffiner d'après nature, étudiera auffi la perfpective; mais comme nous n'avons pas jugé à propos de traiter cette matiere ici, il aura recours à cette partie dont il trouvera les principes dans le difcours de l'Ouvrage auquel ce recueil eft deftiné, & parmi les Planches de Mathématique que nous publierons inceffamment.

Deffein d'après nature.

C'eft ici le lieu de faire la récapitulation des connoiffances que l'éleve a acquifes, en étudiant la *Perfpective*, l'*Anatomie* & l'*Antique*, afin d'en faire une application raifonnable.

1°. Par rapport à la *perfpective* : pour s'affurer des plans des figures en général, & fur-tout de celles où il fe trouve des racourcis, *voyez* Pl. XVII. XVIII. & XIX. La moindre négligence fur cet article peut détruire toute la proportion, & rendre les mouvemens tout-à-fait impoffibles. Pour faifir & faire paffer à propos un contour fur un autre, afin de chaffer la partie qui fuit, intelligence fans laquelle l'*enfemble* fera faux, & avec l'effet le mieux entendu, les lumieres, les ombres les mieux obfervées, une figure paroîtra toujours ridicule, & n'aura pas l'action que l'on fe propofoit. Il en eft de même pour les groupes de plufieurs figures. *Voyez* Pl. XIX. où les plans font indiqués par les lignes *A*, *B*, *C*, *D*. A l'égard du *fini* ou de l'*effet*, c'eft la même fcience qui détermine en général le degré de force des ombres fur les premiers plans, & leur affoibliffement à mefure que les corps qui les produifent s'éloignent. **Les** *ombres portées* suivent ce même principe, il faut cependant y joindre la connoissance des effets de lumiere que l'on nomme *clair-obscur*, voyez *clair-obscur*. Cette connoissance à la vérité peut être regardée comme une des branches de la perspective aërienne, mais sous cette dénomination ; on la distingue de la perspective linéale.

2°. Par rapport à l'*Anatomie :* pour ne rien faire de faux & de hasardé dans les articulations & dans les attachemens ; pour sentir le vrai mouvement des muscles, les accuser où ils doivent être ; pour exprimer davantage ceux qui sont en action, & donner à ceux qui obéissent au mouvement des autres, les inflexions qui font ce beau contraste que l'on remarque dans la nature.

3°. Par rapport à l'*antique :* pour rectifier les formes quelquefois défectueuses de la nature, & se déterminer sur le choix de celles qu'il est plus important de saisir & de faire sentir ; car en étudiant la nature, il est nécessaire, en ne s'écartant point de la vérité, de s'accoutumer à y voir principalement ce qu'elle offre de grand & de noble, en y subordonnant toutes les petites parties. On doit donc s'habituer à faire ce choix par la comparaison de la nature aux belles productions des antiques, & aux ouvrages des grands maîtres.

Pour dessiner d'après nature, on pose à la volonté un homme nud, soit assis, debout, couché, ou dans quelqu'autre attitude d'action & de vigueur, mais cependant naturelle. Ce *modele* peut être éclairé par la lumiere du jour, ou par celle d'une lampe ; ce dernier cas est représenté dans la vignette. *Voyez* Pl. I. Le modele est beau à dessiner de tous les côtés, mais on peut choisir celui qui intéresse davantage ; on dessine indifféremment sur le papier blanc ou de demi-teinte.

On doit, comme nous avons dit en parlant des académies, s'appliquer dès le premier instant à saisir le *tour* ou le *mouvement* de la figure par un trait léger, parce que le modele peut se fatiguer & varier, sur-tout lorsqu'on cherche à se préparer à l'art de la composition, dont un des plus grands mérites est de bien rendre l'action & le mouvement. Mais lorsqu'on tend à se perfectionner dans celui de bien exécuter les détails, il est quelquefois avantageux d'attendre, pour arrêter son trait, que le modele se soit présenté en quelque maniere, & ait pris la position qui lui est plus commode, & qu'on est sûr qu'il reprendra toujours naturellement, malgré les avis de ceux qui ont pris le premier moment de l'action. Il en résulte qu'on a beaucoup de facilité à étudier les parties qui se représentent toujours sous le même aspect. Le sentiment qu'on ose avancer ici, pourra d'abord paroître contraire aux leçons que donnent ordinairement les bons maîtres, mais il est fondé sur l'expérience. On prendra les mêmes précautions que nous avons indiquées, pour mettre toutes les parties bien à leurs places & sur leurs plans, & on achevera de *mettre la figure ensemble*, en observant les proportions générales, *voyez* Planche XIV. & en indiquant les muscles apparens par des contours & des coups de crayon plus assurés. On doit apporter beaucoup d'attention à ne point mettre d'égalité dans les formes, parce que la nature n'en a pas, c'est-à-dire qu'une forme est toujours balancée par une autre plus grande ou plus petite qui la fait valoir, de maniere que les contours extérieurs ne se rencontrent jamais vis-à-vis les uns des autres, comme ceux d'un balustre ; mais au contraire, ils semblent éviter cette rencontre, & s'enveloppent mutuellement. Il ne faut que considérer la nature pour s'en convaincre. *Voyez* aussi Pl. XV. XVI. XVII. XVIII. XIX. XX.

Pour ombrer sa figure, il faut commencer par établir ses principales masses d'ombres en leur donnant à peu-près la moitié du ton qu'elles doivent avoir, afin de pouvoir réserver les réflets de lumiere, que le modele reçoit des corps étrangers qui l'environnent. Si l'on considere en général tout le côté éclairé du modèle, l'on n'appercevra qu'une seule masse de lumiere, dans laquelle sont des détails occasionnés par le plus ou le moins de relief qu'ont les muscles, mais qui ne l'interrompent pas ; ainsi il faut que tous ces détails, toutes

ces parties lumineuses soient liées ensemble, de maniere qu'elles ne fassent qu'un tout, en réservant seulement à celles qui sont les plus saillantes, & qui reçoivent la lumiere la plus large, les plus grands clairs.

En examinant la nature, on s'appercevra que la lumiere a cette propriété de rendre sensible tous les objets de détails qui sont dans sa masse générale, & qu'au contraire les masses d'ombres éteignent & confondent ensemble ces mêmes détails, à moins qu'ils ne soient réfletés par d'autres objets éclairés ; d'où il s'ensuit que les ombres les plus sourdes & les plus vigoureuses ne sont pas toujours sur les premiers plans, mais sur ceux où il est impossible qu'il soit apporté aucun réflet ; ou bien qui sont trop éloignés pour que cette lumiere du réflet puisse parvenir assez à nos yeux, & les affecter assez fortement pour y produire quelque sensation ; généralement les principaux groupes de lumieres sont toujours soutenus par les ombres portées les plus vigoureuses. On pourra faire ces observations sur plusieurs figures groupées ensemble. *Voyez* Pl. XIX.

Enfin on achevera sa figure en donnant aux ombres toute la force que l'on verra dans le modele, en observant de les adoucir du côté des lumieres par des demi-teintes, afin qu'elles ne tranchent pas. On fortifiera davantage les ombres dans les endroits qui ne reçoivent point de réflets ; il faut ménager les contours du côté de la lumiere, & donner plus de fermeté à ceux qui en sont privés ; il faut faire la comparaison de toutes les parties les unes avec les autres, afin de placer les lumieres & les touches les plus vigoureuses à propos, & de faire sentir celles qui avancent ou qui fuyent : par ce moyen, on parviendra à donner à son dessein toute l'harmonie & l'effet de la nature. Il faut s'appliquer particulierement à finir avec soin la tête, les mains & les piés ; ces parties bien dessinées donnent beaucoup de grace à une figure, & font juger ordinairement de la capacité du Dessinateur.

On doit prendre garde que ce que l'on sait de l'Anatomie, n'entraîne à faire trop sentir les muscles ; c'est un défaut dans lequel tombent la plûpart des jeunes gens, qui croient par-là donner un caractere plus mâle & plus vigoureux à leurs figures, mais ils se trompent, ils prouvent tout au plus qu'ils savent l'Anatomie ; quand on veut exprimer la force & la vigueur, il faut choisir un modele plus robuste, plus nerveux, & le dessiner tel qu'il est, alors on trouvera bien de la différence entre un dessein fait d'après nature, & celui que l'on auroit, pour ainsi dire, écorché d'imagination. Ce vice est d'autant plus dangereux pour ceux qui se livrent à cette maniere, qu'il leur est presque impossible d'abord de s'assujettir à rendre fidélement les graces & la simplicité de la nature ; ainsi on doit donc s'habituer de bonne heure à dessiner les objets tels qu'on les voit, en ne se servant des lumieres que l'on a acquises que pour en juger sainement.

On se servira des mêmes principes pour dessiner d'après nature les femmes, les enfans, en observant que les muscles sont moins apparens, ce qui rend les contours très-coulans ; & que les proportions en sont différentes. *Voyez* Pl. XIX. XX. XXI. XXII. & XXXV. & leurs explications.

Lorsque l'on veut caractériser l'*enfance*, l'*adolescence*, la *vieillesse*, il faut en faire aussi des études d'après nature, & faire un bon choix des modeles dont on se servira. *Voyez* Pl. XXI. & XXII.

L'expression des passions est une étude qui demande beaucoup d'application, & que l'on ne doit point négliger, parce que les moindres compositions ont un objet qui entraîne nécessairement le Dessinateur à donner aux têtes de ses figures le caractere qui leur convient relativement à ce sujet ; mais comment pouvoir dessiner d'après nature les mouvemens de l'ame ? comment pouvoir saisir d'après une scene composée de plusieurs personnes (en supposant que le Dessinateur y fût appellé) toutes ces sensations qui les affectent chacune différemment, suivant l'intérêt particulier qu'elles prennent au spectacle qui leur est commun, ou de *haine*, ou de *colere*, ou de *désespoir*, ou d'*étonnement*, ou d'*horreur ?* Quand on se proposeroit de ne faifir qu'une de ces expreffions, la tentative deviendroit prefqu'impoffible, parce qu'elles ne font toutes produites que par les circonftances d'un moment, que l'inftant d'après décompofe & détruit, c'eft-à-dire, que tel homme paffera d'un moment à l'autre de la haine à la pitié, de l'étonnement à l'admiration, de la joie à la douleur ; ou que la même paffion fubfiftant, elle fe fortifiera ou s'affoiblira, & que le même perfonnage prendra pour un œil attentif une infinité de phyfionomies fucceffives. Voilà des difficultés infurmontables pour le Deffinateur qui fe propoferoit d'attraper à la pointe de fon crayon des phénomenes auffi fugitifs ; il n'en eft pas moins important pour lui d'être témoin des différentes fcenes de la vie. Les images le frappent, elles fe gravent dans fon efprit, & les fantômes de fon imagination fe réveillent au befoin, fe repréfentent devant lui, & deviennent des modeles d'après lefquels il compofe.

Mais pour tirer un parti fûr & facile des richeffes de fon imagination, il faut auparavant avoir étudié dans les deffeins des maîtres, qui les ont le mieux rendus, les fignes qu'ils ont trouvés convenables pour exprimer dans une tête, telle ou telle paffion. Le Deffinateur confultera auffi fa raifon & fon cœur, & ne fera rien que ce qu'il fentira bien. Le célèbre M. le Brun qui avoit étudié cette partie, nous a laiffé des modeles que l'on peut confulter. *Voyez* les Planches XXIV. XXV. & XXVI.

C'eft un objet important dans une figure que les *draperies* en foient jettées naturellement, & que la cadence des plis fe reffente de la nature des étoffes; ainfi on doit donc, autant qu'il eft poffible, les deffiner d'après nature & fur un modele vivant. Cependant comme le modele eft fujet à varier, & que les moindres mouvemens peuvent déranger, finon la maffe générale de la draperie, du moins la quantité des plis, & leur donner à chaque inftant des formes différentes : il arrive de-là que le Deffinateur eft obligé de paffer légérement fur quantité de petits détails importans, pour s'attacher qu'au jeu du tout enfemble & à l'effet général, & fuppléer au refte en faifant d'imagination. Cet inconvénient eft très-important, & apporte fouvent de grands défauts de vérité dans un deffein ; car il eft effentiel, comme nous venons de le dire, que la forme des plis, leurs ombres & leurs réflets caractérifent la nature & l'efpece de l'étoffe, c'eft-à-dire, fi c'eft du linge, du drap, du fatin, &c. Or, comment rendre ce qui appartient à toutes ces efpeces, fi les formes des plis, les lumieres, les ombres & les réflets s'évanouiffent à chaque inftant, & ne paroiffent jamais dans leur premier état, fur-tout lorfque les étoffes font légeres & caffantes ?

Voici un moyen dont on fe fert pour étudier plus commodément, & qui eft d'un grand fecours fur-tout pour les commençans. On jette une draperie quelconque fur une figure inanimée, mais de proportion naturelle, que l'on nomme *mannequin. Voyez* Planche VI. & VII. On pofe cette figure dans l'attitude qu'on a choifie : alors on en deffine la draperie telle qu'on la voit ; on peut l'imiter dans fes plis, fes ombres, fes lumières & fes réflets, par la comparaifon que l'on en fait. Il faut réitérer cette étude fur des étoffes différentes, afin de s'habituer à les traiter différemment. Les formes des draperies fe foutiennent davantage dans certaines étoffes, & fe rompent & fe brifent plus ou moins dans d'autres.

On obfervera auffi que les têtes des plis font plus ou moins pincées, & les réflets plus ou moins clairs ; c'eft à toutes ces chofes que l'on connoît que les draperies ont été deffinées d'après nature.

Il ne faut pas ignorer la maniere de draper des anciens, & on la connoîtra en deffinant leurs figures drapées ; c'eft un ftyle particulier qui a de très-grandes beautés, & où l'on trouve les principes les plus certains de l'art de draper. On en pourra faire l'application en différentes occafions. *Voyez* Pl. XXVIII. & XXIX. & l'article DRAPERIE.

Après une longue & pénible étude d'après des deffeins, la boffe & la nature, fi l'on a du génie, on paffera à la compofition.

Lorfque l'on compofe un fujet, on jette fa premiere penfée fur le papier au crayon ou à la plume, afin de diftribuer fes groupes de figures fur des plans qui puiffent produire un effet avantageux, par de belles maffes de lumieres & d'ombres ; ce deffein fe nomme *croquis.* C'eft en conféquence de cette diftribution que l'on connoît toutes les études de figures & de draperies à faire, pour que le deffein foit correct & fini. *Voyez* Pl. XXX. & XXXI. *Voyez* COMPOSITION.

A l'égard du paifage, on pourra en deffiner d'après nature, en fuivant la regle générale que nous avons établie ci-deffus, pour la perfpective des plans, l'exactitude dans les formes, & l'harmonie de l'effet. C'eft une pratique que l'on acquiert plus facilement, quand on fait bien deffiner une figure. *Voyez* Pl. XXXII. il en eft de même des *ruines*, des *marines*, &c.

On fe fert quelquefois pour deffiner des paifages, des ruines ou des vûes perfpectives, de la *chambre obfcure* ; cet inftrument a cet avantage, qu'il repréfente les objets tels qu'ils font dans la nature, de maniere que ceux même qui ne favent pas deffiner, peuvent facilement repréfenter tout ce qu'ils veulent très-correctement ; mais lorfque l'on poffede le deffein, on ne doit point abufer de la facilité que cet inftrument procure ; en ce qu'il refroidiroit le goût, & que cette habitude arrêteroit infenfiblement les progrès dans l'art. *Voyez* Pl. IV. & V.

Pour deffiner les animaux, il faut en connoître l'anatomie ; on confultera les deffeins des meilleurs maîtres, & enfuite on étudiera la nature. Si l'on fe propofe quelque fupériorité dans un genre, quel qu'il foit, on ne doit rien faire que d'après elle ; elle feule peut conduire à une imitation vraie qui eft le but de l'art. Tout ce qui eft fait de pratique, n'en impofe qu'un moment, & quelque agrément féducteur qu'il puiffe préfenter fans la vérité, il ne peut fatisfaire le vrai connoiffeur.

Enfin l'art confifte à voir la nature telle qu'elle eft, & à fentir fes beautés ; lorfqu'on les fent, on peut les rendre, & l'on appelle ce qu'on appelle la bonne *maniere*, expreffion qui fuppofe toujours la plus rigoureufe imitation ; mais ce n'eft que par le zele le plus ardent, l'étude la plus laborieufe, & l'expérience la plus confommée que l'on parvient à ce but. La récompenfe eft entre les mains de l'Artifte ; il cultive fon propre héritage, il arrofe fes propres lauriers ; & les fleurs & les fruits qui naîtront de fon travail, le conduiront au temple de l'immortalité, que l'envie elle-même fera forcée de lui ouvrir.

Nous croyons devoir confeiller aux commençans de ne point deffiner d'après l'*eftampe*, à moins qu'ils ne puiffent faire autrement, ou qu'ils ne veuillent apprendre à deffiner à la plume, parce que la *gravure* n'eft point du tout propre à enfeigner la vraie maniere de deffiner au crayon : au contraire elle donnera à ceux qui s'y appliqueront trop long-tems, un gout fec, manié-ré, & fervile dans l'arrangement des hachures. Si l'on s'en fert, il faut être affez avancé pour ne prendre que l'efprit du deffein & de l'effet, fans fe propofer de rendre coup pour coup tous les traits.

PLANCHE I.

Vûe d'une école de deffein, fon plan & fon profil.

La vignette de M. Cochin repréfente à gauche de celui qui regarde & fur le premier plan, des jeunes éleves qui copient des deffeins. Derriere eux, & fur le fecond plan, un autre groupe d'éleves qui deffinent d'après la boffe ; le modele qu'ils copient eft pofé fur une *felle*, & eft éclairé par la lampe que l'on voit fufpendue au-deffus. A droite & fur le plan le plus éloigné font des éleves qui deffinent d'après nature, le modele eft au milieu d'eux & élevé fur une table que l'on a repréfentée dans le bas de la Planche, *fig.* 1. Un de fes genoux eft appuyé fur une caiffe, afin de contrafter le mouvement de cette attitude. On voit un de ces éleves occupé à prendre les à-plombs de la figure en préfentant vis-à-vis d'elle fon porte-crayon perpendiculairement, ce modele eft éclairé par un lampadaire placé devant & au-deffus de lui, dont le volume de lumiere eſt ſuffiſant à tous ceux qui deſſinent. Tout le côté du modele qui n'eſt point éclairé ſe nomme *côté de reflet* ; ceux qui commencent ne doivent point choiſir cette place, parce qu'elle ſuppoſe de l'art & de l'expérience; mais lorſque l'on eſt un peu avancé, on en tire un très-grand profit. Ces ſortes de figures doivent être deſſinées de fort peu de crayon; c'eſt-à-dire, que les ombres doivent être tendres, les reflets bien ménagés & ſoutenus par des touches frappées à propos. Sur le premier plan, à droite, eſt un éleve qui modele d'après l'antique. On peut regarder cette étude comme une maniere de deſſiner propre aux Sculpteurs; elle s'exécute à la main & à l'ébauchoir ſur de la terre molle. *Voyez les Planches de Sculpture.*

Bas de la Planche.

Fig. I. 1, 2, 3, 4, Plan de la *ſalle* ou *école* pour deſſiner d'après nature.
  A, la table ſur laquelle ſe poſe le modele.
  b, bacquet plein d'eau pour recevoir les égouttures de la lampe ſuſpendue au-deſſus.
  c, c, c, c, c, &c. bancs ou gradins ſur leſquels ſe placent les deſſinateurs.
  C C C, banc dit *des ſculpteurs*, c'eſt celui qu'ils occupent pour modeler d'après nature, mais à leur défaut les deſſinateurs s'en emparent.
  d d d d, marche-piés des bancs.
  e e, intervalle d'un banc à un autre.
  a, banc pour ceux qui deſſinent dans le *reflet*.
  g g g g, paſſages.
  h, poële.
  ii, croiſées que l'on bouche pendant le tems où l'on deſſine d'après nature au jour, afin de ne recevoir qu'une ſeule & même lumiere de la croiſée *k*, dont l'ouverture a huit piés.
  lll, portes.
  m, veſtibule.
  n, cabinet.
  o o, ſalle propre à d'autres exercices.
  2. Profil des bancs.
  A, la table.
  a, ſon pié ou ſocle ſur lequel elle peut tourner en tous ſens, afin de pouvoir, lorſque le modele eſt poſé, l'éclairer le plus avantageuſement.
  c c, les bancs.
  C, banc des ſculpteurs.
  d d d d, marchepiés des bancs.

PLANCHE II.

Fig. 1. Porte crayon.
  a, le crayon.
  2. Crayon.
  3. Eſtompe, c'eſt un morceau de chamois roulé fort ſerré, lié avec du fil, & taillé en pointe émouſſée vers les extrémités. On s'en ſert pour fondre & unir enſemble tous les coups de crayons dont on a préparé les maſſes d'ombres & les demi-teintes d'une figure, en frottant légérement, comme avec un pinceau, une des extrémités ſur toutes les hachures, & on rehauſſe les plus fortes ombres par des coups de crayons hardis & des touches franches; cette maniere de deſſiner eſt expéditive & imite très-bien la douceur de la chair.
  4. Plume à deſſiner.
  5. Canif à tailler le crayon.
  6. Compas. On doit obſerver de ne point s'en ſervir pour deſſiner des têtes ou des figures, mais ſeulement pour s'aſſurer des lignes perpendiculaires ou paralleles qui ſe rencontrent dans les ſujets où il entre de l'architecture.
  Les figures ſuivantes ſont propres à deſſiner à l'encre de la chine ou au biſtre.
  7. Pinceau.
  8. Pinceaux entés en *a*, ſur un morceau de bois ou d'ivoire.
  9. Pot à eau.
  10. Pain d'encre de chine.
  11. Coquille pour délayer l'encre ou le biſtre.
    N°. 21. Deſſein.

12. Regle pour tracer les objets dont les ſurfaces ſont des lignes droites.
13. Chevalet ou *porte-original.*
  a, le pié.
  b b, la tige percée de trous dans ſa partie ſupérieure.
  c c, les bras.
  d, vis qui fixe les bras à la hauteur la plus commode dans les trous de la tige.
  e, ficelle pour ſuſpendre le deſſein.
  f f, fiches qui attachent le deſſein à la ficelle.
14. Selle à l'uſage de ceux qui deſſinent d'après la boſſe.
  1. Plateau mobile ſur lui-même, ſur lequel on place le modele.
  2. Chapiteau de la ſelle, percé au milieu d'un trou dans lequel paſſe la tige du plateau.
  3. Tige qui fait tourner le plateau ſur lui-même ; elle eſt percée de trous dans ſa partie inférieure.
  4. Cheville qui ſert à élever la tige & le plateau, en la fixant dans des trous différens.
  5. Tablette percée pour recevoir la tige, & qui ſert de point d'appui à la cheville.
15. Portefeuille ſur lequel on deſſine, en le poſant ſur ſes genoux, comme on voit dans la vignette, *Planche I.*
16. *a b c d*, chaſſis de réduction ; ce chaſſis eſt un parallelograme rectangle diviſé à volonté en un nombre de carreaux égaux, formés par des fils ou des ſoies très-fines, qui ſont attachées aux points de diviſion marqués ſur les quatre tringles ou côtés *a b, b d, d c, c a.* On ſe ſert de cet inſtrument pour réduire un deſſein ou un tableau ſur lequel on ne veut point tracer de lignes.
17. *i l m n.* Deſſein réduit dans une grandeur donnée *o p q r* ; pour le faire on diviſe cette grandeur par des lignes au crayon en autant de carreaux que le deſſein *e f g h* en occupe, étant poſé ſous le chaſſis, *fig.* 16. alors on trace exactement dans chacun de ces carreaux, correſpondans à ceux de l'original, les mêmes parties qui ſont compriſes ſous ceux du chaſſis ; on peut ſe ſervir, pour ces ſortes de réduction, de l'inſtrument appellé pantographe. *Voyez la Planche ſuivante.*

PLANCHE III.

Deſcription & uſage du Pantographe, nommé communément Singe, *conſidérablement changé & perfectionné par* Canivet, *ingénieur du Roi & de MM. de l'académie royale des Sciences pour les inſtrumens de Mathematiques.*

Cet inſtrument eſt compoſé de quatre regles de bois d'ébène ou de cormier : il y en a deux grandes & deux petites. Les deux grandes A B, A C ſont jointes enſemble par une de leurs extrémités par une tige qui les traverſe, portant un écrou par-deſſus avec lequel on leur donne plus ou moins de liberté : le bas de cette tige eſt coudé, & porte une roulette *a*, que l'on voit *fig.* 1. qui poſe ſur la table & ſe prête à tous les mouvemens. Les deux autres regles L M, M N ſont attachées vers le milieu de chacune des grandes, & elles ſont jointes enſemble par l'autre bout ; enſorte que ces quatre regles forment toujours un parallelograme, en quelque façon que l'on faſſe mouvoir l'inſtrument.

Les deux grandes regles, & une des petites, portent chacune une boîte qui ſe place & s'arrête à tel endroit que l'on veut deſdites regles, par le moyen d'une vis placée au-deſſous. Ces boîtes ſont chacune percées d'un trou cylindrique ſur le côté, dans lequel ſe placent alternativement trois choſes ; ſavoir, une pointe à calquer, *fig.* 7, un canon, *fig.* 8, dans lequel ſe loge un porte-crayon qui ſe hauſſe ou ſe baiſſe de lui-même, ſuivant l'inégalité du plan ſur lequel on travaille, & enfin, un ſupport, *fig.* 5, qui ſe viſſe dans la table, & dont le haut eſt en cylindre pour entrer dans une des boîtes, c'eſt ce ſupport qui ſert de point fixe, & autour duquel l'inſtrument tourne quand on

B

deffine. Il y a deux roulettes ambulantes qui fervent à foutenir les regles, & à en faciliter le mouvement. Sur les regles, font des divifions marquées par des chiffres, qui indiquent les endroits où il faut placer le bifeau des boîtes, fuivant la réduction que l'on fe propofe.

Cet inftrument eft très-utile pour copier promtement, avec facilité & exactitude, toutes fortes de deffeins, foit figures, ornemens, plans, cartes géographiques, & autres chofes femblables, pour réduire du grand au petit, ou du petit au grand.

Pour s'en fervir, on attache le finge deffus une table par le moyen de fon fupport qui fe viffe dans la table. Si l'on fouhaite copier un deffein, enforte que la copie foit de même grandeur que l'original, on fera entrer le fupport dans la boîte D, dont on fera convenir le bifeau fur la ligne marquée ½ près de M. Le crayon fera mis à la boîte E, dont le bifeau fera placé fur la ligne marquée B de fa regle; la boîte F avec la pointe à calquer fera mife fur la ligne marquée C de la regle. En mettant un papier blanc deffous le crayon, & l'original deffous la boîte F, fi on promene la pointe deffus tous les principaux traits de cet original, fans qu'elle le touche, pour éviter de le gâter, le crayon formera la même chofe, & de même grandeur fur le papier qui fera pofé deffous. Si l'on vouloit que le deffein que l'on fe propofe de copier, fût réduit à la moitié; fans changer la pofition des boîtes, on placera le fupport à la boîte E, & le crayon à la boîte D; & en faifant comme ci-deffus, la copie fera de moitié plus petite que l'original.

Si on veut que la copie foit 3, 4, 5, 6, 7 & 8 fois plus petite que l'original; c'eft-à-dire, que la copie foit à l'original comme 1 à 3, à 4, à 5, &c. jufqu'à 8, on mettra la boîte F avec fa pointe fur la ligne marquée C de fa regle, & l'on fera convenir la boîte E & fon fupport fur la ligne de la diminution que l'on fe propofe. Si l'on veut, par exemple, que la copie foit des deux tiers plus petite que l'original, ou, ce qui eft la même chofe, fi l'original ayant 12 pouces de haut, on veut que la copie en ait 4, on fera convenir la boîte E avec fon fupport fur la ligne marquée 3 du côté de B, & la boîte D avec fon crayon fur la ligne marquée 3 du côté de M; alors la copie fera des deux tiers plus petite que l'original. On fera la même chofe pour réduire jufqu'au huitieme, en obfervant de faire convenir le bifeau des deux boîtes D, E aux lignes marquées par les chiffres qui défignent la réduction, la boîte F avec fa pointe reftant toujours fur la ligne C.

Si on vouloit que la copie fût plus grande que l'original, par exemple, d'un huitieme; c'eft-à-dire, fi l'original ayant 8 pouces de haut, on vouloit que la copie en eût 9, il faudroit placer le fupport à la boîte D, & mettre le crayon à la boîte F, qui fera placée fur la ligne marquée C, & les boîtes E & D feront mifes chacune fur la fraction que l'on fe propofe: par exemple, fi c'eft d'un huitieme, la boîte E avec fa pointe fera mife fur la ligne marquée ⅛, & la boîte D fera mife auffi avec le fupport fur la ligne marquée ⅛, & alors la copie fera d'un huitieme plus grande que l'original; On fera la même chofe pour les autres réductions, fuivant les lignes marquées par leurs fractions, la boîte F reftant toujours fur la ligne C.

On voit, par ce qui vient d'être dit dans l'exemple précédent, que fi l'on vouloit que la copie fût plus petite que l'original, on n'auroit, fuivant l'obfervation faite en parlant de la réduction à moitié, qu'à tranfpofer le crayon & la pointe, mettant l'un à la place de l'autre, fans toucher aux boîtes, & qu'alors la copie fera plus petite, fuivant la fraction où les deux boîtes auront été pofées.

La *figure 2* repréfente le finge, vû géométralement avec toutes fes divifions. La *figure 1* repréfente le même finge, vû fur une table en perfpective, dans la pofition où il doit être pour s'en fervir. Les boîtes E F & D font placées pour réduire l'original environ au tiers de fa grandeur, ou comme un eft à trois; ce qui eft la même chofe, comme la figure le fait voir. Le fupport I, qui fe viffe dans la table, eft pofé à la boîte E;

ce fupport eft fixe, mais on peut lui en fubftituer un mobile qu'on décrira dans la fuite.

La *figure 7* eft le calquoir qui fe loge dans la petite virole qui eft au-deffous. Cette virole porte une petite queue, qui fert à fixer le calquoir quand on le place à l'une des boîtes, en faifant paffer cette queue fous le reffort qui eft au-deffus de la boîte. La vis qui entre dans la virole, fert pour arrêter le calquoir à la hauteur que l'on veut.

La *figure 8* montre en *d* le canon du porte-crayon, qui eft auffi garni de fa petite queue. La *figure c* eft le crayon qui doit entrer dans le canon *d*: il eft garni d'un petit cordonnet de foie, qui fert à lever le crayon pour l'empêcher de toucher le papier, lorfqu'il eft néceffaire de paffer d'un endroit à l'autre, & afin que ce fil foit toujours deffous la main. Si, par exemple, on pofe le crayon à la boîte E, on fera paffer le cordonnet dans le trou d'un petit piton tournant, qui eft au-deffus de la jonction A des deux grandes regles, comme on le voit, fig. 1: de-là, le cordonnet va paffer dans un trou qui eft au haut du calquoir, & enfuite dans une petite fente qui eft au bout de la regle. Mais fi l'on plaçoit le porte-crayon à la boîte D, ainfi qu'il eft repréfenté dans la figure, on feroit paffer d'abord le cordonnet dans le petit trou qui eft au-deffus de l'écrou L, qui joint la regle L M à la regle A B, & de-là à la jonction A des deux grandes regles, d'où on le conduit, comme ci-deffus, dans la fente qui eft à l'extrémité de la regle qui porte le calquoir.

Le cordonnet eft repréfenté dans la *figure 1*, qui montre que fa longueur demeure toujours la même dans les différentes difpofitions des boîtes, parce qu'il fuit toujours la direction des regles.

Le godet *a* qui eft au-deffus du porte-crayon *b*, fe viffe dans fa partie fupérieure: il fert à rendre le porte-crayon plus pefant, & à le faire appuyer davantage fur le papier lorfqu'il en eft befoin, & cela en le rempliffant de quelque poids, comme feroient de petites balles de plomb.

La roulette, fig. 3, qui a double chape *x* & *y*, fe place à la regle A B par fa chape inférieure *x*, quand on pofe le porte-crayon à la boîte E: fi on le pofe à la boîte D, on place la roulette à la regle M N par fa chape fupérieure *y*. *z*, fourchette de la roulette. &, la roulette.

Fig. 4. Une des deux boîtes E F avec les développemens. *a*, la boîte F vûe par-deffus, du côté du reffort qui comprime la queue du canon du porte-crayon ou celle de la virole de la pointe à calquer. *b*, grand reffort de laiton qui fe place dans la boîte au-deffous des regles. *c*, reffort latéral qui fe place dans la boîte du côté oppofé aux trous qui reçoivent le calquoir & le fupport. *d*, la même boîte vûe par-deffous.

La fig. 5. eft le fupport fixe.

La fig. 6. eft le fupport ambulant; c'eft une plaque de plomb affez pefante, pour qu'elle ne puiffe être dérangée par le mouvement de l'inftrument. Dans fon milieu eft viffée une tige femblable à la tige I du fupport fixe. Au-deffus, eft une petite rondelle qui fert également pour les deux fupports; elle s'enfile à la tige, quand on place le fupport à la boîte D; mais on ôte cette rondelle, quand on place le fupport à la boîte E, parce que celle-ci eft moins éloignée du plan de la table.

Avec ce fupport ambulant, on peut copier un tableau ou deffein, de quelque grandeur qu'il foit; car après avoir arrêté le tableau fur une table, ou fur un plan quelconque, on pofera le fupport ambulant de façon que l'on puiffe copier une partie du tableau; & quand on aura copié de ce tableau ce que l'inftrument en pourra embraffer, on avancera le fupport vers le tableau: mais auparavant on y marquera trois points, & autant fur la copie, qui ferviront de repaires pour retrouver la pofition du fupport & de la copie, par rapport à ce qui a déjà été fait fur le tableau. Quand on aura trouvé la correfpondance des trois points, on arrêtera la copie dans cette fituation avec un peu de cire molle, & on continuera de copier tout ce que le finge en pourra encore embraffer. On fera toujours la même opération, jufqu'à ce que le tableau foit entiérement copié.

On voit par là l'utilité de ce fupport ou point d'appui mobile ; puifque fi l'original eft bien grand, quand ce viendra à la fin, la copie & le point d'appui ou fupport fe trouveront fur le tableau, ce qui n'eft point un inconvénient, puifqu'ils ne l'endommageront pas. On évite encore, par le moyen de ce fupport ambulant, la longueur des branches du finge, qui n'ont que deux piés & demi ou environ. Une plus grande longueur les rendroit moins juftes, parce qu'alors il feroit impoffible d'éviter la flexibilité des regles.

Nota. Comme il arrive fouvent que la grandeur de la copie que l'on veut faire, n'eft pas une partie aliquote de l'original, & qu'en ce cas les divifions marquées fur les regles, deviennent inutiles ; il faut alors chercher un moyen de s'en paffer, & de placer le crayon, la pointe & le fupport dans une pofition qui donne le rapport que l'on demande entre l'original & la copie.

Il faut obferver d'abord que le principe fondamental duquel dépend toute la juftelfe de l'opération du finge, eft que les trois trous des boîtes E, D, F qui reçoivent le fupport, le crayon & le calquoir ou la pointe, foient toujours en ligne droite : lorfqu'ils y feront, la copie repréfentera toujours fidélement l'original. Voici par quelle pratique on s'affurera que ces trois points font dans une même ligne droite.

On ploiera un fil en double, en entourant la tige du fupport. On conduira ces deux mêmes fils au portecrayon, & de-là au calquoir, mais de façon que la tige du crayon & celle du calquoir paffent entre les deux fils. On arrêtera les deux fils, en les tenant fixes avec la main, à la tige du calquoir ; & alors, fi les trois points ne font pas en ligne droite, ce fera la piéce qui fera à la boîte D, qui fera faire coude à ce fil. Il faudra donc faire couler cette boîte de côté ou d'autre, jufqu'à ce que ces fils foient exactement droits & paralleles.

En obfervant en principe pour la pofition des trois boîtes qui portent le fupport, le porte-crayon & le calquoir ; fi, par exemple, on donnoit un tableau ou deffein quelconque à réduire fur une grandeur, & que cette grandeur ne fût ni le tiers, ni le quart, ni le cinquieme, &c. de l'original, voici comme on opérera.

On examinera d'abord fi cette grandeur donnée eft plus petite ou plus grande que la moitié de l'original.

Si elle eft plus petite ; dans ce cas, on placera toujours le fupport à la boîte E, le crayon à la boîte D, & le calquoir reftera toujours à la boîte F ; & on fera convenir le fupport, le porte-crayon & le calquoir en ligne droite, fuivant la méthode expliquée ci-deffus : après quoi on fera promener la pointe à calquer fur toute la longueur ou largeur de l'original, & cela en ligne droite ; & on examinera fi le chemin parcouru par le porte-crayon, s'accorde avec la grandeur donnée.

Si cela n'eft pas, & que cette grandeur parcourue par le crayon, foit plus petite que la grandeur donnée ; en ce cas, on approchera la boîte E vers la ligne B de fa regle, & la boîte D vers le point M de fa regle.

Si, au contraire, cette grandeur parcourue par le crayon, eft plus grande que la grandeur donnée, on approchera les deux boîtes E & D vers la jonction L des regles A B, L M ; &, en tâtonnant, on parviendra à trouver la grandeur donnée.

On voit que par cette méthode, on peut copier un deffein, fur quelque grandeur que l'on voudra, fans avoir égard aux divifions qui font fur les regles.

Si la grandeur donnée eft plus grande que la moitié de l'original, pour lors on placera toujours le fupport à la boîte D, & le crayon à la boîte E.

Si le tableau que l'on veut réduire eft trop grand, & que l'inftrument ne puiffe l'embraffer, on peut prendre le tiers, le quart, &c. de cet original, en prenant auffi le tiers, le quart, &c. de la grandeur donnée ; & faifant comme ci-deffus, on parviendra à une opération exacte pour la réduction.

PLANCHE IV.
Des chambres obfcures.

La vignette repréfente une terraffe fur laquelle deux chambres obfcures font placées, on voit dans le lointain un payfage qui n'eft point celui qui fe peint dans les chambres obfcures ; mais au contraire c'eft le côté diamétralement oppofé, enforte que celui qui fait ufage de l'une ou de l'autre de ces machines, a le dos tourné du côté des objets qu'il veut repréfenter.

Fig. 1. Chambre obfcure, dite en chaife à porteur, ouverte du côté de la porte ; A, petite tourelle quarrée, dans laquelle eft le miroir : B, le miroir de glace ou de métal pour le mieux : C, le tuyau dans lequel eft contenu l'objectif : D, la table fur laquelle le deffinateur pofe le papier qui reçoit l'image des objets : E, le fiege : F, languettes dormantes des ventoufes : G, languette des mêmes ventoufes, on voit à côté des montans les crampons dans lefquels paffent les brancards qui fervent à tranfporter la machine.

2. Autre chambre obfcure, dite *en pavillon*, plus portative que la précédente, elle fe place fur une table qui ne fait point partie de la machine, celui qui en fait ufage a feulement la tête & la poitrine renfermées dans la machine.

3. Développement plus en grand de la premiere chambre obfcure, vûe fous un autre afpect ; les objets communs à la *fig.* 1. & à celle-ci font notés des mêmes lettres : il refte à ajouter H K, verge de fer affemblée en H, à charniere avec le miroir B, & taraudée en K ; c'eft par le moyen de cette verge que l'on donne au miroir l'inclinaifon convenable : C, tuyau qui porte l'objectif, il entre dans un autre tuyau dont la furface eft taraudée en vis : L M, partie d'un des brancards qui fervent à tranfporter la machine.

4. Planche de bois couverte d'un papier blanc.

5. Cadre à feuillure qui recouvre la feuille de papier.

PLANCHE V.

Fig. 6. Développement fur une échelle double de la petite tourelle qui contient le miroir de la premiere machine : A, deffus de la tourelle, dont la face poftérieure & une des faces latérales ont été fupprimées ; B, axe du miroir dont le milieu doit répondre au centre du tuyau de l'objectif ; F G, tuyau liffe qui contient l'objectif : G G, tuyau en vis pour le mouvement lent, il eft monté fur la planche à couliffe E E, & reçoit intérieurement le tuyau liffe F G, qui y coule à frottement & fert pour le mouvement prompt : H, charniere de la tige ou régulateur, par le moyen duquel on incline le miroir. D, la planchette garnie de fon cadre fur laquelle les objets fe viennent peindre.

7. Chaffis de la chambre obfcure portative fur lequel on tend une ferge épaiffe & très-opaque, les traverfes inférieures font brifées dans le milieu & affemblées à charnieres de même qu'à leurs extrémités, enforte que les quatre montans peuvent fe rapprocher de même que les baleines d'un paraffol.

8. La même machine garnie de fes étoffes & des deux rideaux qui renferment le fpectateur, & auffi du miroir qui eft couvert par fa boîte dans la figure précédente.

9. Développement plus en grand de la plate-forme fupérieure des montans qui fupportent le miroir, du miroir & du tuyau qui contient l'objectif.

PLANCHE VI.
Le manequin.

Le manequin eft une figure conftruite de maniere qu'elle a les principaux mouvemens extérieurs du corps humain, il fert aux Peintres pour fixer différentes attitudes ; il eft compofé de cuivre, fer & liege, que l'on recouvre d'une peau de chamois, ou de bas de foie découpés & coufus de la maniere convenable.

La Planche *fig.* 1, repréfente la carcaffe du manequin, vûe de face ; les lignes ponctuées qui l'entourent indiquent l'épaisseur de la garniture de liege, crin, &c. qui renferment la carcasse.

PLANCHE VII.

Développement de la carcasse du manequin.

Fig. 2. La tête, vûe de profil, le col qui est creux est supposé coupé pour laisser voir les deux boulles qui forment le col.

2. *n.* 2. Les deux boulles du col vûes séparément.

3. Les omoplates, les deux boulles latérales sont re-çues dans les coquilles des clavicules, *fig.* 5, & les coquilles supérieures & inférieures de cette piece reçoivent l'une la boulle inférieure du col, & l'autre la boulle supérieure de la piece des vertebres.

4. Autre moitié ou coquille de la cavité supérieure de la piece précédente à laquelle elle se fixe par trois vis.

5. & 5. Les clavicules ; ces pieces sont au nombre de quatre & s'assemblent deux à deux par le moyen des anneaux 6, 7.

6 & 7. Anneaux à vis servant à serrer ensemble les deux moitiés de clavicules après que les boulles de l'humerus & de la piece des omoplates y ont été placées.

8. L'humerus vû de face.

9. L'humerus vû de côté, au-dessous on voit une partie du bras.

10. L'avant-bras.

10. *n.* 2. La main, dont la boulle est reçue dans la cavité de l'avant-bras.

11. L'avant-bras vû de l'autre côté, on y distingue la coquille qui reçoit la boulle de la main.

12. Autre moitié de la coquille.

13. Piece qui représente l'épine du dos, la boulle su-périeure est reçue entre les coquilles de la piece des omoplates, & l'inférieure entre les coquilles de la piece des hanches.

14. La piece des hanches, cette piece a quatre cavités ou coquilles, la supérieure reçoit l'épine du dos, les deux latérales chacune une des têtes des fe-murs, & l'inférieure la boulle qui tient au sup-port.

15. Autre moitié des coquilles supérieures & infé-rieures de la piece précédente.

16. Le femur vû de face.

17. Le femur vû de côté.

18. La jambe vûe par sa partie antérieure.

19. La jambe vûe par sa partie postérieure ; on y dis-tingue la coquille qui reçoit la boulle du pié ; à côté est l'autre moitié de cette coquille qui se fixe avec une vis, & est serrée avec un anneau à vis, de même que les clavicules & les hanches.

20 & 21. La rotule vûe de face & de côté.

22. Le pié vû de face.

23. Le pié vû de profil.

PLANCHE VIII.

Ovales de têtes.

Fig. 1. Tête droite vûe de face.

Les ovales & leurs divisions doivent être copiées à vûe, sans se servir de compas. On divise toute la hauteur A B, en quatre parties égales, A *c*, *c d*, *d e*, *e* B. Le point *c* donne la naissance des che-veux, le point *d* donne la ligne des yeux, & le point *e*, celle du nez. On tirera des points *d*, *e*, des lignes paralleles *f f*, *g g*, perpendiculaires sur A B, l'intervalle *f g*, donnera la grandeur de l'oreille ; on divisera la ligne *f f*, en cinq parties égales. La seconde & la quatrieme marquent la place & la grandeur des yeux. On divisera la dis-tance *e* B, en trois parties égales, par la premiere division au-dessous du nez, on tirera la ligne *h h*, sur laquelle on placera la bouche. Le nez doit avoir la largeur d'un œil par le bas, & la bouche celle

d'un œil & un tiers. La distance A B, se nomme grandeur de tête, la tête contient quatre grandeurs de nez. La distance *c* B, se nomme face & contient trois grandeurs de nez. L'une & l'autre servent comme d'échelle pour mesurer toutes les autres parties du corps, comme on verra ci-après.

2. Tête de face vûe en dessous.

On partagera la hauteur A B, comme on vient de faire dans la figure précédente, & on fera les mê-mes divisions qui donneront les points *f f*, *g g*, *h h* ; de ces points on tracera les lignes courbes *f i f*, *g l g*, *h m h*, paralleles entr'elles ; on obser-vera que les distances B *m*, A *i*, deviendront plus ou moins grandes, à proportion que la tête sera plus ou moins renversée.

3. Tête de face vûe par le sommet.

Les divisions sont les mêmes que pour la précé-dente, mais les lignes des yeux, du nez & de la bouche deviendront courbes en dessous en par-tant des points *f f*, *g g*, *h h* ; on observera qu'ils se suivent parallelement.

4. Tête droite, vûe de profil.

La distribution de cet ovale est la même qu'à la figure premiere. Pour trouver la saillie du men-ton, il faut tirer une ligne droite horisontale de l'extrémité B de l'ovale jusqu'en *c* ; & du point *g*, où la ligne du nez coupe l'ovale, abaisser la per-pendiculaire C *g* ; la distance C B donnera la saillie du menton ; ensuite du point *f* ou section de la ligne des yeux, on décrira *f* C, sur laquelle on placera le nez & la bouche. Le nez conserve tou-jours sa même largeur, à cause de sa saillie. L'espace qui est entre l'œil & le contour du nez, est de même grandeur que cet œil. L'oreille se place à l'autre extrémité de l'ovale : & le derriere de la tête excede l'ovale de la grandeur d'un œil vu de face.

5. Tête de profil, vûe en-dessous.

Les distributions sont les mêmes ; les lignes de l'œil, du nez & de la bouche sont courbées en-dessus.

6. Tête de profil, vûe en-dessus.

Même distribution, & les lignes suivant le principe de la *fig.* 3.

7. Tête droite, vûe de trois quarts.

Les distributions des yeux au nez, du nez à la bouche sont les mêmes que dans la figure premiere ; mais la ligne qui passe par le milieu du nez & de la bouche, doit être courbe.

8. Tête de trois quarts, vûe en-dessous.

9. Tête de trois quarts, vûe en-dessus.

Les distributions de ces trois dernieres figures sont un composé des précédentes.

Il est à remarquer qu'en quelque situation que soit la tête, toutes les lignes qui étoient droites dans la tête vûe de face, deviennent circulaires, sans cesser ce-pendant d'être paralleles ; & la partie, depuis la nais-sance des cheveux jusqu'au sommet, acquiert plus ou moins de grandeur, selon qu'elle est plus ou moins in-clinée ; la partie depuis les yeux jusqu'au nez devient aussi plus petite à proportion, & celle du nez jusqu'au bas du menton, encore plus petite. Au contraire quand la tête est vue en-dessous, les parties inférieures devien-nent plus grandes, & vont toujours en diminuant jus-qu'au front. Les oreilles sont toujours placées entre la ligne des yeux & celle du nez.

PLANCHE IX.

Fig. 1. Œil, vu de face.

La longueur A B de l'œil se divise en trois parties, & une de ces parties donne la hauteur de l'œil.

2. Œil de profil.

La hauteur occupe une partie, & la longueur une & demie, suivant la construction de la figure pré-cédente.

3. Œil de face, regardant de côté.

4. Œil de profil, vu un peu en-dessus,

5. Œil de trois quarts,

Cet œil doit avoir moins de longueur que l'œil de face, & excéder celle d'un œil de profil, la hauteur est la même.

6. Nez vu de face.

7. Nez vu en - dessous.

8. Nez de profil.

9. Nez de trois quarts, vu en-dessous.

Les deux premieres figures ne sont qu'au trait, afin de donner un exemple de ce que nous avons nommé *esquisses* ; les autres figures sont ombrées.

PLANCHE X.

Fig. 1. Bouche de face.

2. Bouche de profil.

3. Bouche de profil, vûe un peu en-dessus.

4. Bouche de face, vûe en-dessous.

5. Bouche de trois quarts, vûe en-dessous.

Dans cette situation, la levre supérieure acquiert plus de largeur que l'inférieure.

6. Bouche de face, vûe en-dessus.

Dans cette situation, la levre supérieure paroît plus mince que l'inférieure.

7 & 8. Oreilles vûes en face.

PLANCHE XI.

Fig. 1. Tête de profil, d'après Raphaël.

2. Tête de profil, vûe en-dessous, d'après le même.

PLANCHE XII.

Fig. 1. Main ouverte, vûe par la paume.

La main a la longueur d'une face de *a* en *b*, on la divise en deux parties égales au point *c*, dont une pour la paume de la main & l'autre pour les doigts. Les doigts sont divisés en trois parties inégales, pour indiquer les jointures des phalanges ; la premiere phalange du côté de la paume de la main est plus grande que celle du milieu, & celle-ci plus grande que celle de l'extrémité du doigt.

2. Main ouverte, vûe par la paume, les doigts un peu racourcis.

3. Main vûe par le dos.

4. Main fermée.

Ces trois figures sont faites d'après des desseins de *M. Ch. Vanloo.*

5. Mains de femme, vûes par le dos, d'après *M. Natoire.*

PLANCHE XIII.

Fig. 1. Pié vu en face.

Sa hauteur C D se divise en trois parties égales, une pour les doigts, & les deux autres pour le coup de pié. On divise aussi la largeur en trois parties ; la premiere, pour le pouce ; la seconde, pour les deux doigts qui suivent ; & la troisieme, pour les deux autres doigts, en y comprenant l'épaisseur de l'orteil du petit doigt.

2. Pié vu de côté ou de profil.

Il a de longueur une tête. On divise la distance A B en quatre parties égales ; la premiere donne le talon ; la seconde, depuis le talon jusqu'à la plante du pié ; la troisieme, jusqu'à l'orteil ; & la quatrieme, la longueur des doigts.

3. Jambe vûe de côté par le jemeau ou mollet interne.

4. Deux jambes, dont une vûe en racourci par la plante du pié.

PLANCHE XIV.

Proportions générales du corps de l'homme.

L'homme doit avoir dans l'âge viril huit *têtes* de hauteur, depuis le sommet jusqu'au-dessous de la plante des piés, une du sommet au-dessous du menton, une du menton au creux de l'estomac, une de-là au nombril, une du nombril aux parties génitales, & une des

parties génitales jusques un peu au-dessus du genouil, une du dessus du genouil au-dessous de la rotule, une de-là au bas des jemeaux, & une du dessous des jemeaux sous la plante des piés.

Les bras ont trois *têtes* de longueur depuis l'attachement de l'épaule à la mamelle au point A , jusqu'au bout des doigts.

Toutes ces hauteurs sont marquées sur la Planche, ainsi que les largeurs : deux T signifient deux *têtes*, deux F deux *faces*, & N & ½ signifie un *nez* & *demi*.

C'est ici le lieu où nous aurions placé les Planches qui regardent l'Anatomie ; mais comme nous l'avons fait observer, nous aurions fait un double emploi. Ainsi on peut voir dans la premiere partie les Planches d'Anatomie que nous avons données. Nous indiquerons seulement ici celles qui sont suffisantes relativement à la partie du dessein.

ANATOMIE.

Planche I. Le squelette vu par-devant.

Pl. I. n°. 2. La tête du squelette, *fig.* 1. & les *fig.* 5, 5.

Pl. II. Le squelette vu de côté.

Pl. III. Le squelette vu par derriere.

Pl. IV. L'écorché vu de face.

Seconde Pl. IV. Mains & piés disséqués.

Pl. V. L'écorché vu par le dos.

Pl. XI. XII. *fig.* 1. par rapport aux muscles du visage seulement.

PLANCHE XV.

Figure académique vûe par-devant, d'après un dessein de M. Cochin.

On fera attention pour mettre cette figure ensemble, aux parties qui tombent à-plomb l'une sur l'autre, comme, par exemple, que l'épaule droite tombe perpendiculairement sur le coup de pié droit, & ainsi des autres parties. On observera que lorsqu'une épaule est plus basse que l'autre, la mamelle du même côté doit baisser de la même quantité, ensorte qu'une ligne tirée d'un bouton à l'autre des mamelles, est toujours parallele aux clavicules, dans quelque mouvement que ce soit. La partie du corps qui plie, rentre sur elle-même au défaut des côtes avec les hanches ; & la peau de l'autre côté s'étend, & laisse un intervalle plus grand depuis la derniere fausse-côte jusqu'à la crete de l'os des îles : ce qui rend, dans cette figure, le contour extérieur du côté droit plus coulant & plus grand que son opposé, qui se trouve par cette raison enveloppé, & ne peut se rencontrer vis-à-vis du premier.

On remarquera dans toutes les situations de la jambe, que le jemeau externe est plus haut que l'interne, & que la *cheville* ou *malléole* interne est plus haute que celle de l'autre côté, & que, par cette raison, tout le contour extérieur est plus grand que le contour intérieur & l'enveloppe.

PLANCHE XVI.

Figure académique, vûe par le dos, d'après un dessein de M. Cochin.

On fera même attention que dans la précédente pour les à-plombs, & on observera que les contours ne sont point vis-à-vis les uns des autres, & que les formes sont contrebalancées par des oppositions plus ou moins coulantes, suivant que les muscles travaillent plus ou moins.

PLANCHE XVII.

Figure académique, vûe par le dos avec racourcis, d'après un dessein de M. Fragonard.

Les proportions de cette figure ne pouvant pas être exprimées dans les longueurs, à cause des racourcis ; on doit apporter la plus grande attention à tout ce qui peut donner de la vraisemblance aux parties fuyantes, par les effets des lumieres & des demi-teintes, & par les contours paſſant les uns ſur les autres, ſuivant en cela les principes de la perſpective.

PLANCHE XVIII.

Figure académique, vûe par le dos, d'après un deſſein de M. Fragonard.

L'action de cette figure étant plus forcée que la précédente, les muſcles ſont plus annoncés & les contours plus tourmentés. On remarquera que les contours du bras droit qui fuit totalement, étant paſſés les uns ſur les autres comme ils le ſont, contribuent beaucoup à l'illuſion. Ce bras acquiert moins de longueur, parce qu'il fuit; & la main qui ſe trouve ſur le plan le plus éloigné, paroît beaucoup plus foible que celle du bras gauche, qui eſt ſur le premier plan. Les ombres & les touches de la main droite ſont bien moins vigoureuſes que celles de la gauche; ſuivant le même principe de perſpective, la cuiſſe & la jambe gauches ſont dans le même cas.

PLANCHE XIX.

Figures groupées de J. Jouvenet.

On pourra faire ſur ce *groupe* l'application de ce qui a été dit relativement aux *plans*, à l'*enſemble*, & à l'effet des figures; ces trois choſes ſont tellement liées dans un ſujet, qu'il eſt impoſſible d'en interrompre l'accord ſans choquer l'œil du ſpectateur par un contre-ſens ridicule, qui lui fait ſouvent prendre la partie qui fuit, eu égard au plan qu'elle occupe, pour celle qui avance par rapport à la lumiere qu'elle reçoit, ou qu'un objet qui eſt droit lui paroît renverſé. Il ſuffit de faire une ſuppoſition pour le démontrer.

Les lignes ponctuées A, B, C, D, marquent les principaux plans ou points d'appui de ces deux figures. On voit que l'intervalle qui eſt obſervé ici entre les plans ou points d'appui CC, DD, des deux figures, permet à celle qui eſt ſur le devant de ſe renverſer, pour atteindre à l'épaule de l'autre figure & ſe ſoutenir ſur elle, & que ce renverſement donne lieu à la lumiere de ſe fixer particulierement ſur cette figure qui ſe préſente à elle en plan incliné; mais au contraire, ſi par erreur, on deſcendoit la pierre qui ſoutient la figure de derriere, c'eſt-à-dire la ligne DD ſeulement ſur un autre plan comme *e*, il en réſulteroit un contre-ſens qui démentiroit & la proportion & l'effet: car, 1°. le point *e* étant trop près du plan CC, il ſeroit impoſſible que la figure de devant fût auſſi renverſée qu'elle le paroît ſans être offenſée par le corps DO, qui ſoutient l'autre; dans ce cas, la lumiere qui agit ſur la premiere, comme étant renverſée, paroîtroit fauſſe, n'étant point d'accord avec les plans; & le corps de cette figure devant être droit par la ſuppoſition, paroîtroit trop court & hors de proportion. 2°. Le plan DD ſuppoſé deſcendu en *e*, rapprochant le corps DO du plan CC, le racourci de la jambe gauche de la figure qui eſt derriere deviendra équivoque, c'eſt-à-dire que le peu d'intervalle *e* CC fera ſuppoſer que cette jambe ne peut pas être vûe comme fuyante, mais preſque droite, & il en réſultera la même équivoque par rapport à la lumiere, qui agit différemment ſur un corps droit que ſur un corps incliné.

Suppoſons maintenant que le plan DD ſoit porté ſur un autre plan plus élevé quelconque *f*, alors l'eſpace entre le plan *f*, CC, deviendroit ſi conſidérable, que la figure qui eſt ſur le devant, ne pourroit tout au plus atteindre à l'autre que dans le cas où elle ſeroit totalement renverſée; ainſi cette figure telle qu'elle eſt deſſinée ici, ne paroîtroit pas aſſez vûe en racourci par rapport au point où elle doit atteindre. D'ailleurs il ſeroit impoſſible que la figure de derriere qui poſeroit ſur le point *f*, pût atteindre de ſon pié gauche comme elle le fait ici, au plan CC auquel il correſpond. Mais quand on aura étudié la perſpective, comme nous l'avons recommandé, on évitera facilement tous ces contre-ſens, & il ſera aiſé de voir que ce n'eſt qu'une

affaire de raiſonnement & de combinaiſon, dont on a les principes les plus convainquans & les mieux démontrés.

PLANCHE XX.

Figure de femme, vûe par-devant, du deſſein de M. Cochin.

PLANCHE XXI.

Figure de femme vûe par le dos.

On deſſine les femmes ſuivant les mêmes principes d'enſemble & d'effet preſcrits pour les hommes, mais les proportions ſont différentes en ce que la femme a la tête plus petite & le cou plus long, les épaules & la poitrine plus étroites, mais les hanches plus larges: le haut du bras plus gros & la main plus étroite: les parties des mamelles & du bas-ventre plus baſſes, ce qui fait que la diſtance des mamelles au nombril eſt plus petite de la moitié d'un nez; la cuiſſe plus large, mais moins longue d'environ le tiers d'un nez; les jambes plus groſſes, & les piés plus étroits. Enfin les contours ſont plus coulans, & les formes plus grandes, parce qu'étant plus graſſes & plus charnues que les hommes, les muſcles ne ſont preſque pas ſenſibles ſous la peau.

PLANCHE XXII.

Fig. 1. Groupe d'enfans de côté & de face, vus par le dos, d'après M. Boucher.
2. Autre enfant groupé avec divers objets.

On ne peut point fixer de proportions juſtes pour les enfans; le rapport de la tête à toute la hauteur du corps, varie ſuivant leur âge, juſqu'à ce qu'ils ayent atteint l'âge viril. Un enfant nouvellement né n'a tout au plus que quatre têtes de hauteur, depuis le ſommet juſqu'à la plante des piés; un de quatre ou cinq ans, a cinq têtes de hauteur; & cette progreſſion augmente toujours juſqu'à ſa formation la plus parfaite, qui eſt huit têtes de hauteur, comme nous avons dit à la Planche XIV.

Les contours des enfans ſont très-coulans, & les formes très-indéciſes. *Voyez* la Planche XXXV. *fig.* 3.

PLANCHE XXIII.

Têtes caractériſant les âges.

Fig. 1. Tête de jeune homme, repréſentant l'adoleſcence, du deſſein de M. Boucher.
2. Tête de jeune fille, repréſente l'adoleſcence, par le même.
3. Tête de vieillard, du deſſein de Jouvenet.
4. Tête de vieille, du deſſein de Bloemaert.

On ne doit pas prendre indifféremment tous les ſujets qui ſe préſentent pour ſervir de modele; les traits de la jeuneſſe ſont quelquefois ſéduiſans, ſans être réguliers; mais plus on ſera touché des beautés de l'antique, plus on ſera habile à juger ſolidement des formes & des proportions les plus convenables.

La vieilleſſe a auſſi ſes difficultés & ſon caractere. Les traits abattus, les rides, les yeux plus enfoncés ſont les ſignes qui peuvent caractériſer l'âge, mais il faut auſſi que la nobleſſe des traits & les grandes formes s'y trouvent réunies.

D'ailleurs cette étude tient beaucoup à celle de l'expreſſion, c'eſt-à-dire que toutes les têtes de vieillards ne ſont pas propres à remplir l'objet du deſſinateur: un artiſte doit ici conſulter autant ſa raiſon, que les regles de l'art; afin que les traits de l'homme qu'il prendra pour modele, répondent à ceux de l'eſpece d'homme qu'il veut repréſenter. Il en eſt de même de la jeuneſſe.

PLANCHE XXIV.

Des paſſions.

Les figures & leur explication ſont d'après le Brun.

Fig. 1. *Admiration simple.* Cette passion ne causant que peu d'agitation, n'altere que très-peu les parties du visage; cependant le sourcil s'éleve, l'œil s'ouvre un peu plus qu'à l'ordinaire. La prunelle placée également entre les paupieres, paroît fixée vers l'objet, la bouche s'entre-ouvre & ne forme pas de changement marqué dans les joues.

2. *Admiration avec étonnement.* Les mouvemens qui accompagnent cette passion, ne sont presque différens de ceux de l'admiration simple, qu'en ce qu'ils sont plus vifs & plus marqués, les sourcils plus élevés, les yeux plus ouverts, la prunelle plus éloignée de la paupiere inférieure & plus fixe, la bouche plus ouverte, & toutes les parties dans une tension beaucoup plus sensible.

3. *La vénération.* De l'admiration naît l'estime, & celle-ci produit la vénération, qui lorsqu'elle a pour objet quelque chose de divin & de caché aux sens, fait incliner le visage, abbaisser les sourcils, les yeux sont presque fermés & fixes, la bouche fermée: ces mouvemens sont doux & ne produisent que peu de changement dans les autres parties.

4. *Le ravissement.* Quoique le ravissement ait le même objet que la vénération, considéré différemment, les mouvemens n'en sont point les mêmes; la tête se panche du côté gauche, les sourcils & la prunelle s'élevent directement, la bouche s'entre-ouvre, & les deux côtés sont aussi un peu élevés. Le reste des parties demeure dans son état naturel.

PLANCHE XXV.

Fig. 1. *Le ris.* De la joie mêlée de surprise naît le ris, qui fait élever les sourcils vers le milieu de l'œil & baisser du côté du nez; les yeux presque fermés paroissent quelquefois mouillés, ou jetter des larmes qui ne changent rien au visage; la bouche entre-ouverte, laisse voir les dents; les extrémités de la bouche retirées en arriere, sont faire un plis aux joues qui paroissent enflées, & surmonter les yeux; les narines sont ouvertes, & tout le visage de couleur rouge.

2. *Le pleurer.* Les changemens que cause le pleurer sont très-marqués; le sourcil s'abbaisse sur le milieu du front; les yeux presque fermés, mouillés & abbaissés du côté des joues; les narines enflées, les muscles & veines du front sont apparens, la bouche fermée, les côtés abbaissés faisant des plis aux joues, la lévre inférieure renversée pressera celle de devant, tout le visage ridé & froncé, sa couleur rouge, sur-tout à l'endroit des sourcils, des yeux, du nez & des joues.

3. *La compassion.* L'attention vive aux malheurs d'autrui, qu'on nomme *compassion*, fait abbaisser les sourcils vers le milieu du front, la prunelle est fixe du côté de l'objet, les narines un peu élevées du côté du nez, sont plisser les joues; la bouche ouverte, la lévre supérieure élevée & avancée, tous les muscles & toutes les parties du visage abbaissées & tournées du côté de l'objet qui cause cette passion.

4. *Tristesse.* L'abbattement que la tristesse produit fait élever les sourcils vers le milieu du front plus que du côté des joues, la prunelle est trouble, le blanc de l'œil jaune, les paupieres abbattues & un peu enflées, le tour des yeux livide, les narines tirant en bas, la bouche entre-ouverte & les coins abbaissés, la tête nonchalamment panchée sur une des épaules; la couleur du visage plombée, les lévres pâles & sans couleur.

PLANCHE XXVI.

Fig. 1. *La haine* ou *jalousie.* Cette passion rend le front ridé, les sourcils abbattus & froncés, l'œil étincelant, la prunelle à demi cachée sous les sourcils tournés du côté de l'objet, elle doit paroî-

tre pleine de feu aussi-bien que le blanc de l'œil & les paupieres, les narines pâles, ouvertes, plus marquées qu'à l'ordinaire, retirées en arriere, ce qui fait paroître des plis aux joues, la bouche fermée ensorte que l'on voit que les dents sont serrées, les coins de la bouche retirés & fort abbaissés, les muscles des machoires paroîtront enfoncés, la couleur du visage partie enflammée, partie jaunâtre, les lévres pâles ou livides.

2. *La colere.* Les effets de la colere en sont connoître la nature. Les yeux deviennent rouges & enflammés, la prunelle égarée & étincelante, les sourcils tantôt abbattus, tantôt élevés également, le front très-ridé, des plis entre les yeux, les narines ouvertes & élargies, les lévres se pressant l'une contre l'autre, l'inférieure surmontant la supérieure, laisse les coins de la bouche un peu ouverts, formant un ris cruel & dédaigneux.

3. *Le desir.* Cette passion rend les sourcils pressés & avancés sur les yeux qui sont plus ouverts qu'à l'ordinaire, la prunelle enflammée se place au milieu de l'œil; les narines s'élevent & se serrent du côté des yeux, la bouche s'entre-ouvre, & les esprits qui sont en mouvement donnent une couleur vive & ardente.

4. *Douleur aiguë.* La douleur aiguë fait approcher les sourcils l'un de l'autre, & élever vers le milieu, la prunelle se cache sous le sourcil, les narines s'élevent & marquent un pli aux joues, la bouche s'entre-ouvre & se retire; toutes les parties du visage sont agitées à mesure de la violence de la douleur.

PLANCHE XXVII.

Draperie.

Draperie jettée sur le mannequin.

PLANCHE XXVIII.

Draperie.

Fig. 1. Figure antique représentant un Romain avec la toge.

2. Figure antique représentant une Romaine habillée; c'est *Faustina Junior.*

3. Figure drapée de la Hire.

PLANCHE XXIX.

Fig. 1. Figure antique représentant la Santé.

2. Figure antique représentant Cerès.

3. & 4. Têtes drapées du Poussin.

PLANCHE XXX.

Pensée ou croquis d'après un dessein à la plume du Parmesan.

Cette sorte de dessein est, comme on le voit, fort incorrect & susceptible de faux traits; mais on n'en doit juger que par rapport à l'ordonnance du tout ensemble, & le bel effet qui en peut résulter: d'ailleurs l'artiste ne fait un croquis que pour lui, & comme un plan auquel il apportera autant de changemens qu'il croira nécessaire pour remplir son idée dans tous ses détails lors de l'exécution. On reconnoît toujours dans un croquis la main d'un grand maître, par l'intention fine & l'esprit qu'il sçait donner à ses figures, aux tours de têtes & à tous les mouvemens. On pourroit s'étendre davantage sur cette partie par rapport à la composition, mais ce seroit sortir de notre objet, & nous nous contentons de donner un exemple.

PLANCHE XXXI.

Etude ou croquis du haut d'une figure d'après nature, par le Carrache.

Nous ne donnons cet exemple que relativement à

la définition du mot : un maître en faifant une étude d'après nature, n'a quelquefois en vûe que de prendre le *mouvement* ou le *tour* d'une figure, fe propofant de faire fur un autre modele les études finies des autres parties, comme têtes, mains, &c. Dans cet exemple-ci on voit que l'auteur n'a voulu faifir que le mouvement, par le peu de foin qu'il a apporté aux détails.

P L A N C H E XXXII.

Payfage d'après un deffein à la plume, du Titien.

Le cas que l'on fait des deffeins en ce genre, de ce maitre, nous a déterminé à donner cet exemple, mais il eft bon de copier les deffeins des autres maitres qui ont excellé dans cette partie.

P L A N C H E XXXIII.

Proportions mefurées fur l'Hercule Farnefe.

Cette figure a de hauteur fept têtes, trois nez, fept parties, en fuppofant que la figure fût droite, & également pofée fur fes deux piés; elle eft de la main de *Glicon*, fculpteur grec.

La tête contient quatre nez, le nez fe divife en douze parties, & la partie fe divife en $\frac{1}{2}$, $\frac{1}{3}$, & $\frac{1}{4}$. Ainfi 3 T, 2 *n*, 10 *p* $\frac{1}{2}$, fignifie trois têtes, deux nez, dix parties & demi. *Nota* pour les Pl. XXXIII, XXXIV, XXXVII & XXXVIII.

Fig. 1. L'Hercule, vû par-devant.
2. Le même, vû par le dos.
3. Le même, vû de côté.
4. Le bras.
5. La face.
6. & 7. Les rotules.

P L A N C H E XXXIV.

Proportions de la ftatue d'Antinoüs.

Cette figure a de hauteur fept têtes, deux nez, en fuppofant qu'elle fût droite.
Fig. 1. L'Antinoüs, vû par-devant.
2. Le même, vû par derriere.
3. Le pié droit, vû de face.
4. L'autre pié, vû de face.
5. & 6. La même figure vûe des deux côtés.
7. La tête.
8. Le nez, la bouche.
9. 10. & 11. Les piés, vûs de différens côtés.

P L A N C H E XXXV.

Proportion de l'Apollon Pythien.

Cette figure a de hauteur fept têtes, trois nez, fix parties, en fuppofant qu'elle fût droite.

Fig. 1. L'Apollon, vû par-devant.
2. Le même, vû de côté.
3. Un enfant d'après l'antique.
4. L'un des enfans de Laocoon.

La tête fe divife en quatre parties ou nez, chaque partie fe divife en douze minutes, & chaque minute en $\frac{1}{2}$, $\frac{1}{3}$ ou $\frac{1}{4}$; *nota* pour cette Pl. & la fuiv. 7 p. 9 m. $\frac{1}{2}$ fignifient fept parties neuf minutes & demi; & par-conféquent valent une tête trois parties neuf minutes & demi. Il en eft de même pour la fuivante.

P L A N C H E XXXVI.

Proportions du Laocoon.

Cette figure a de hauteur, 7 têtes, 2 nez, 3 parties; elle eft d'un feul bloc de marbre, & faite de concert par trois des plus célebres fculpteurs de l'antiquité.
Fig. 1. Laocoon vû de face.
2. Un de fes enfans vû de face.
3. Le même vû de côté.

P L A N C H E XXXVII.

Proportions du Gladiateur.

Fig. 1. Le Gladiateur vû de face.
2. Le même vû de côté.
3. Les jambes vûes de face.
4. La jambe gauche vûe de côté.
5. La jambe droite vûe de côté.
6. La tête.

P L A N C H E XXXVIII.

Proportions de la Venus de Médicis.

Cette figure a de hauteur 7 têtes 3 nez.
Fig. 1. La Venus vûe de face.
2. La même vûe par le dos.
3. La tête.
4. L'épaule & le bras vûs de côté.
5. Le bras gauche.
6, 7. La même figure vûe des deux côtés.
8, 9, 10 & 11. Les piés vûs de différens côtés.

Les figures de ces fix dernieres Planches ont été mefurées fur les originaux en marbre.

Un des principaux caracteres des hommes fupérieurs dans leurs genres, c'eft d'être communicatifs de leurs lumieres, & d'aimer à fecourir de leurs confeils ceux en qui ils remarquent des vûes utiles. Voilà ce qui nous a mérité de M. Cochin des fecours qui auroient rendu cette partie beaucoup plus intéreffante encore & plus parfaite, fi la nature de notre ouvrage nous eût permis d'exécuter tout ce qu'il auroit pu exiger d'après la grande connoiffance qu'il a de l'art que nous traitons ici.

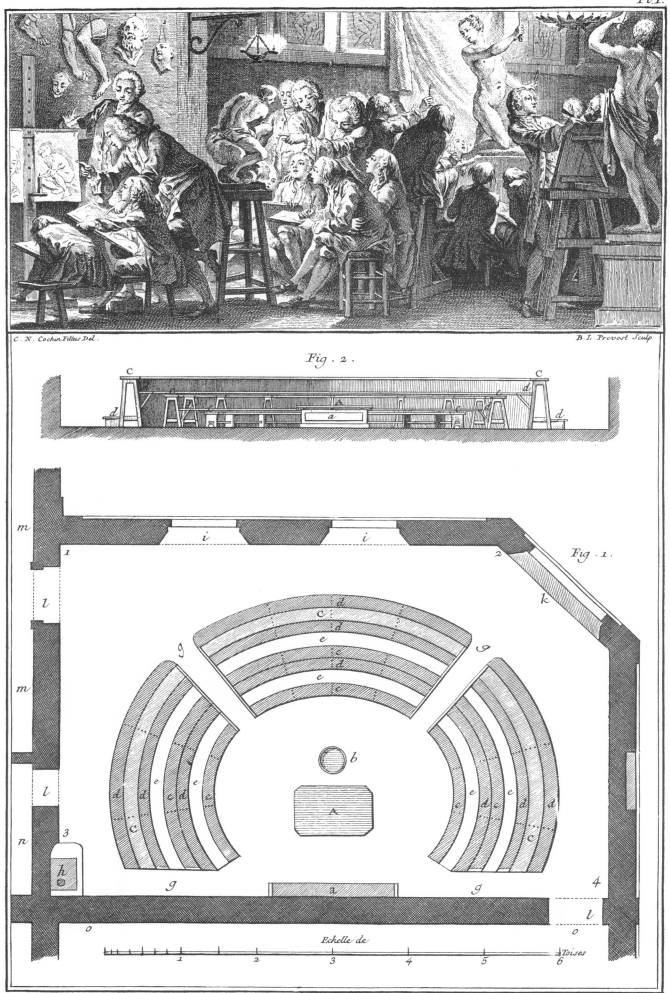

Pl. I.

C. N. Cochin Filius Del.

B. L. Prevost Sculp.

Fig. 2.

Fig. 1.

Echelle de

Toises

1   2   3   4   5   6

Ecole de Dessein.

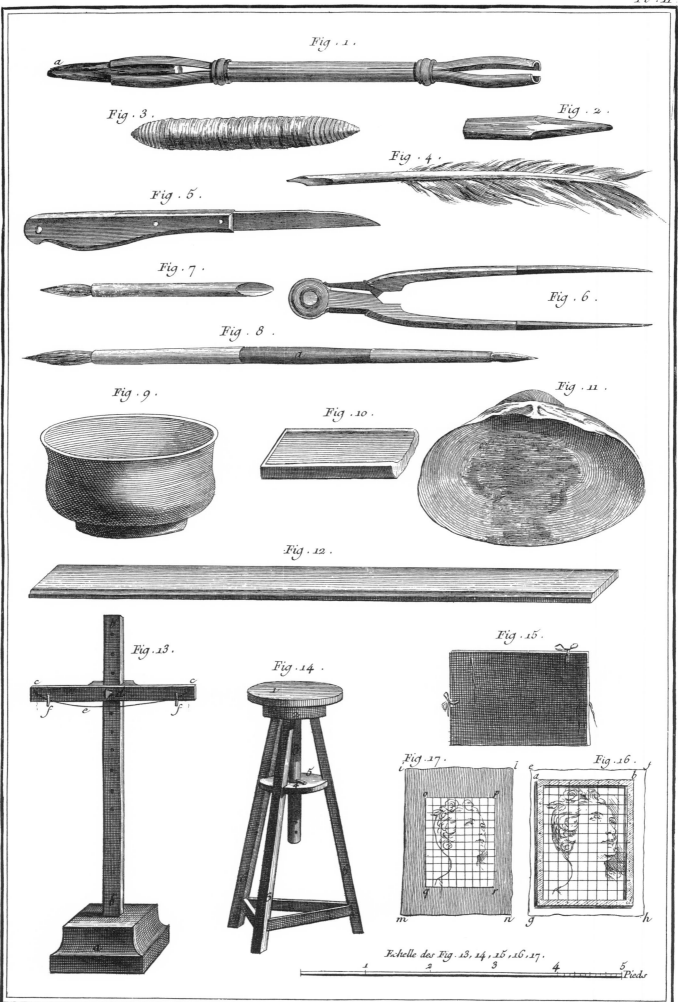

Pl. II.

Fig. 1.

Fig. 3.

Fig. 2.

Fig. 4.

Fig. 5.

Fig. 7.

Fig. 6.

Fig. 8.

Fig. 9.

Fig. 11.

Fig. 10.

Fig. 12.

Fig. 13.

Fig. 14.

Fig. 15.

Fig. 17.

Fig. 16.

Echelle des Fig. 13, 14, 15, 16, 17.

1   2   3   4   5 Pieds

Benard Fecit

Dessein, Instrumens.

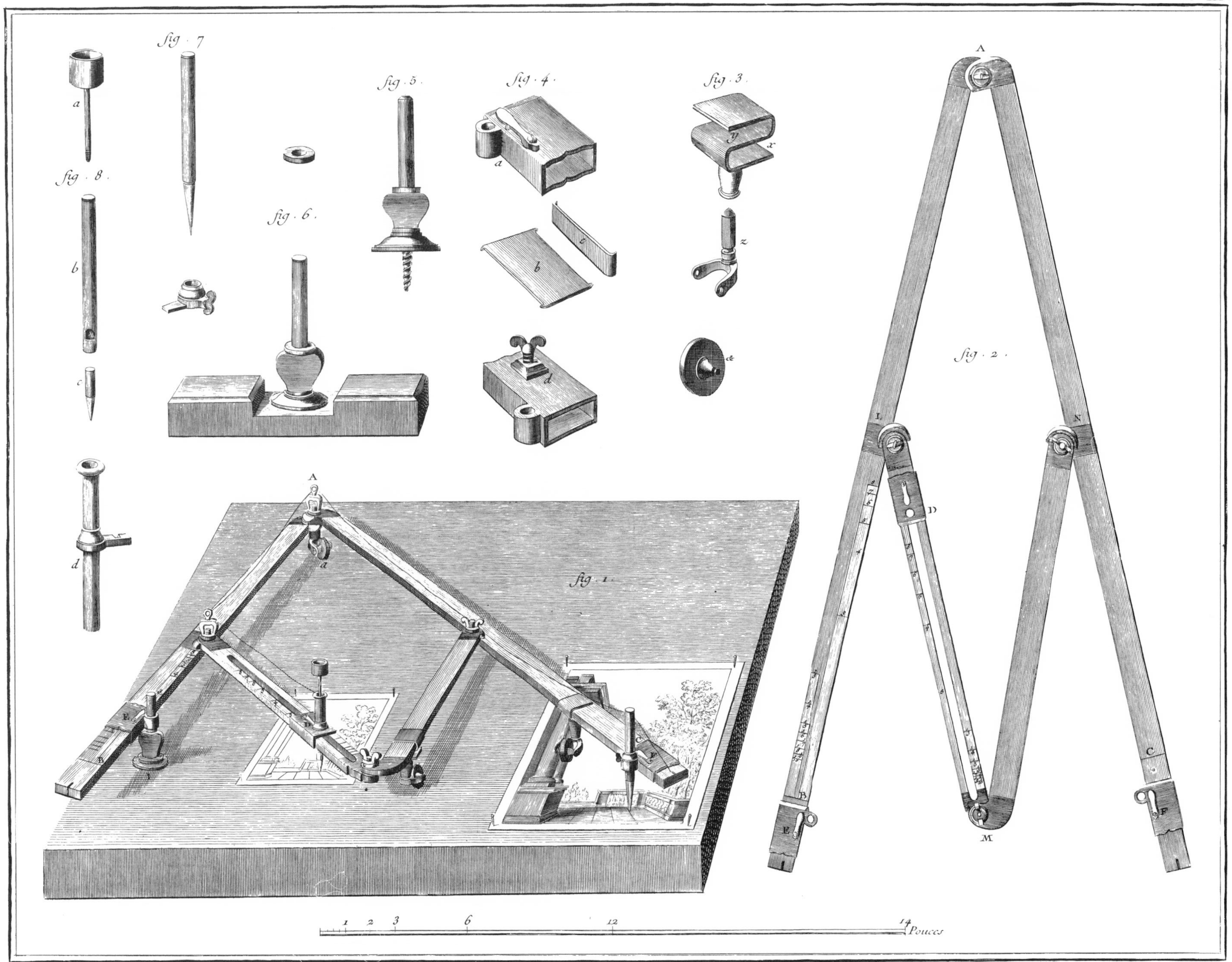

Pl. III.

Benard Fecit

Fig. 2.

Fig. 3.

Fig. 4.

Fig. 5.

Fig. 6.

Fig. 7.

Fig. 8.

Fig. 1.

Pouces

Dessein, Pantographe.

Benard del.

Pl. IV.

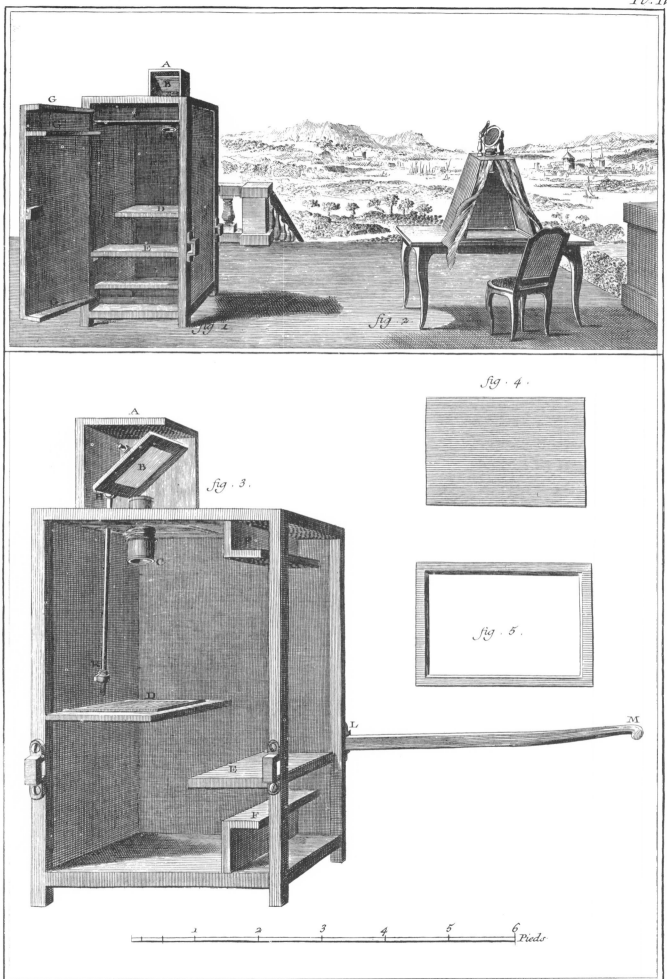

fig. 1

fig. 2

fig. 4

fig. 3

fig. 5

1   2   3   4   5   6 *Pieds*

Goussier del.

Benard Fecit.

Dessein, Chambre Obscure.

Pl. V

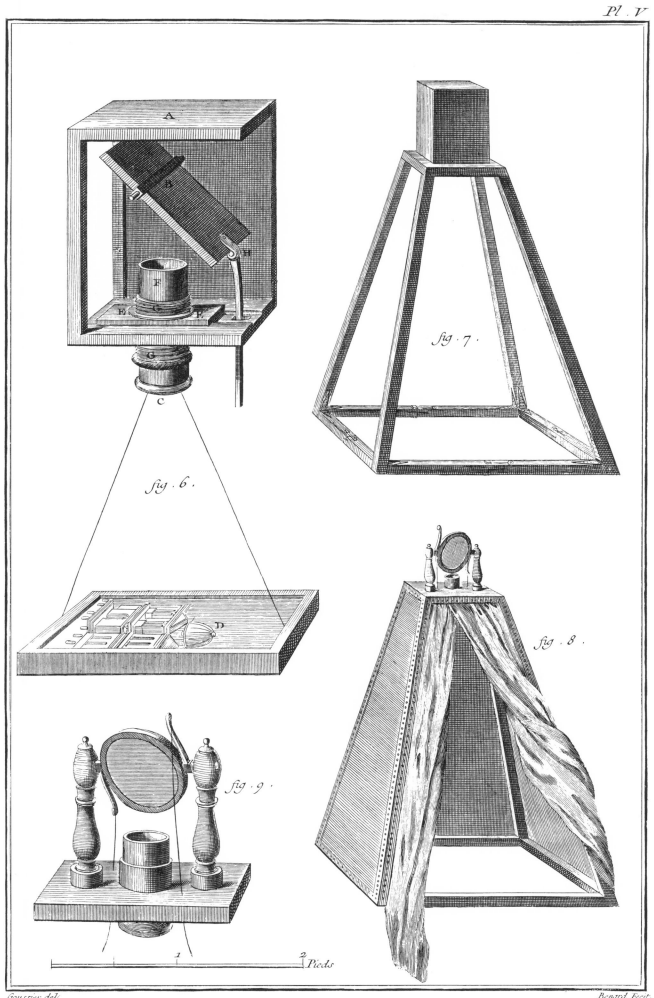

fig. 7.

fig. 6.

fig. 8.

fig. 9.

Goussier del.

Benard Fecit.

Dessein, *Chambre Obscure*.

Pl. VI.

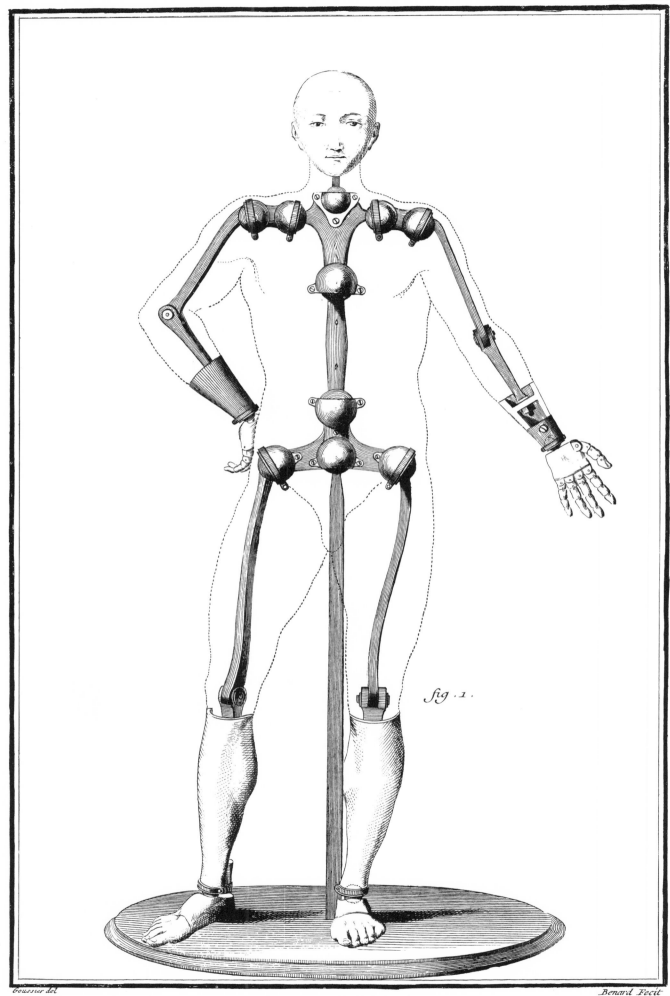

fig. 1.

Goussier del.

Benard Fecit

Dessein,

Mannequin.

Pl. VII.

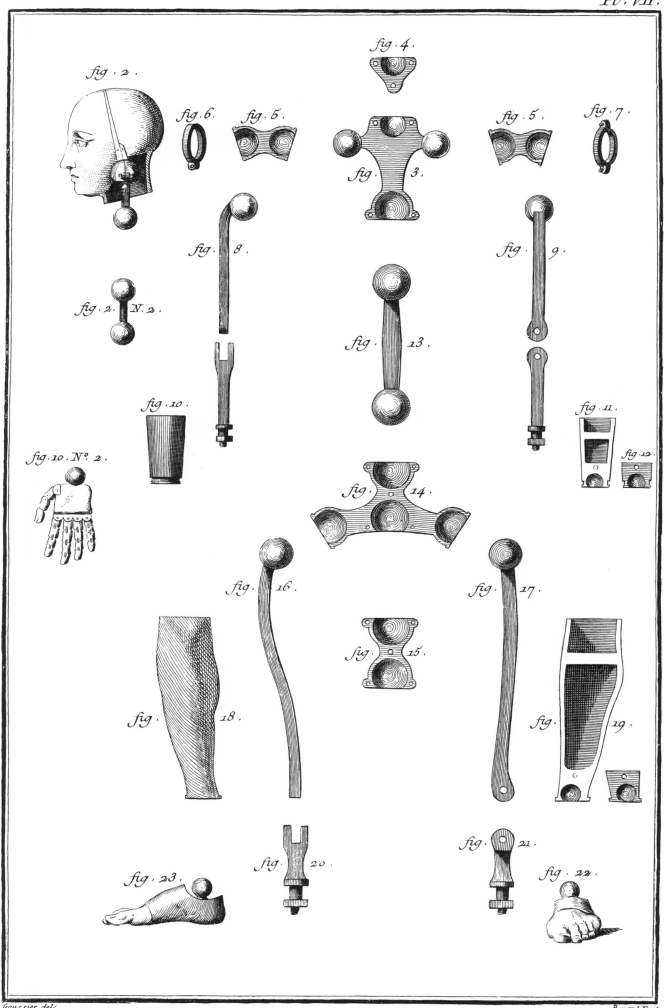

fig. 2.

fig. 4.

fig. 6.

fig. 5.

fig. 5.

fig. 7.

fig. 3.

fig. 8.

fig. 9.

fig. 2. N. 2.

fig. 13.

fig. 10.

fig. 11.

fig. 12.

fig. 10. Nº. 2.

fig. 14.

fig. 16.

fig. 17.

fig. 18.

fig. 15.

fig. 19.

fig. 20.

fig. 21.

fig. 23.

fig. 22.

Goussier del.

Benard Fecit.

Dessein,
Dévelopemens du Mannequin.

Pl. VIII.

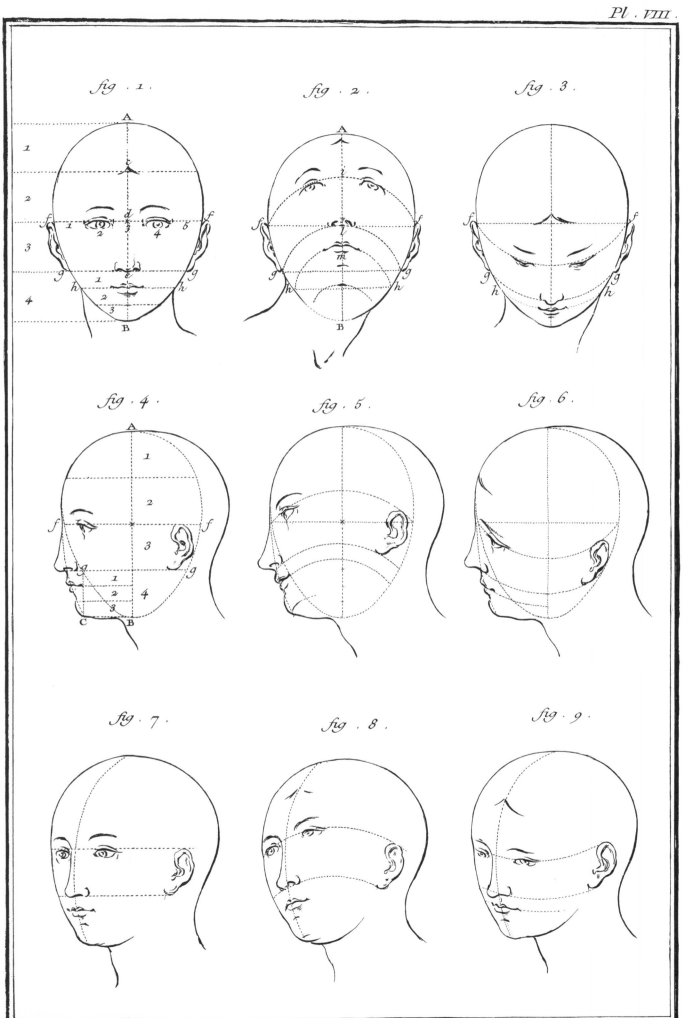

fig. 1.　　　　fig. 2.　　　　fig. 3.

fig. 4.　　　　fig. 5.　　　　fig. 6.

fig. 7.　　　　fig. 8.　　　　fig. 9.

Benard Fecit.

Dessein, *Ovales*.

Pl. IX.

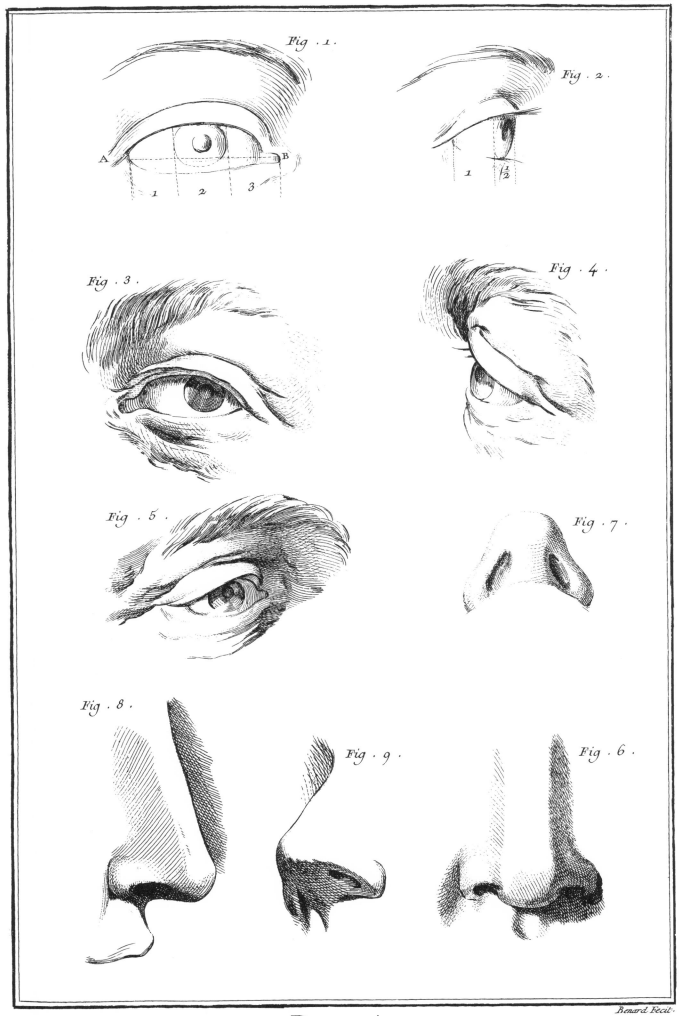

Fig. 1.

Fig. 2.

Fig. 3.

Fig. 4.

Fig. 5.

Fig. 7.

Fig. 8.

Fig. 9.

Fig. 6.

Benard Fecit.

Dessein.

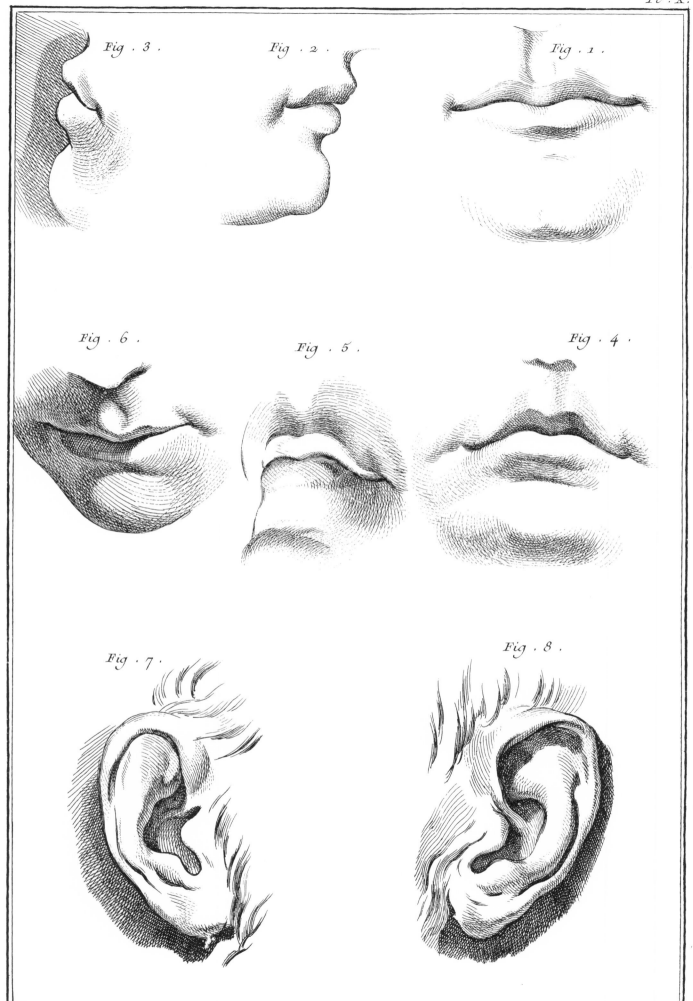

Fig . 3 .   Fig . 2 .   Fig . 1 .

Fig . 6 .   Fig . 5 .   Fig . 4 .

Fig . 7 .   Fig . 8 .

Benard Fecit.

Dessein,

Fig . 1 .

Fig . 2 .

Raphaël Pinxit

Benard Fecit

Dessein, Têtes .

Pl. XII.

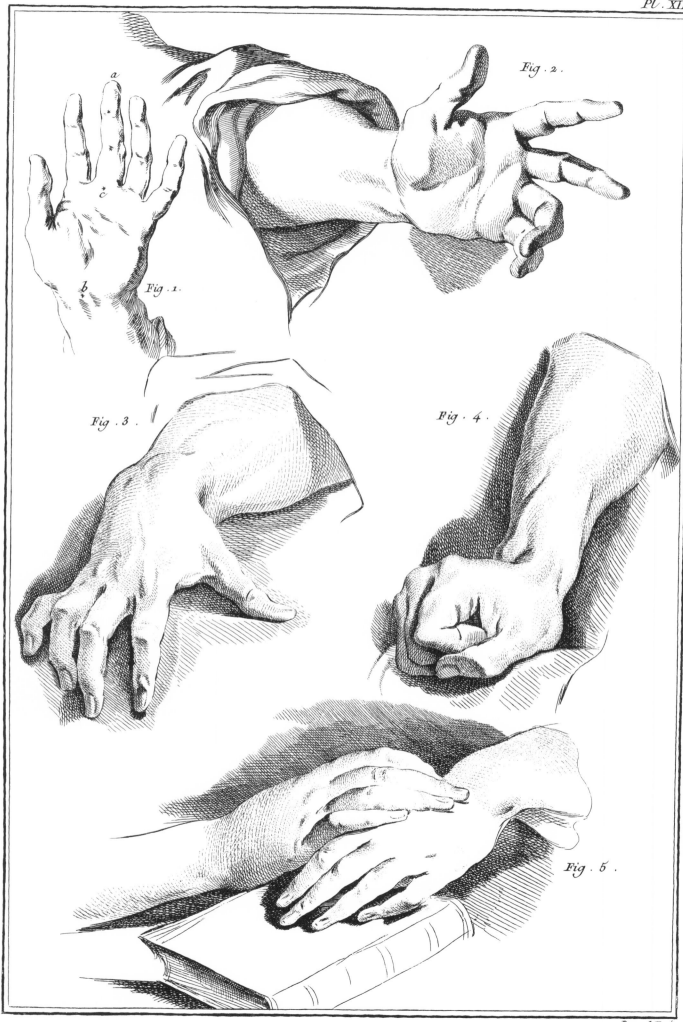

Fig. 1.

Fig. 2.

Fig. 3.

Fig. 4.

Fig. 5.

Benard Fecit

Dessein, Mains.

Pl. XIII.

Fig. 1.

Fig. 2.

Fig. 3.

Fig. 4.

Bouchardon Del.

Benard Fecit.

Dessein,
Jambes et Pieds.

Pl. XIV.

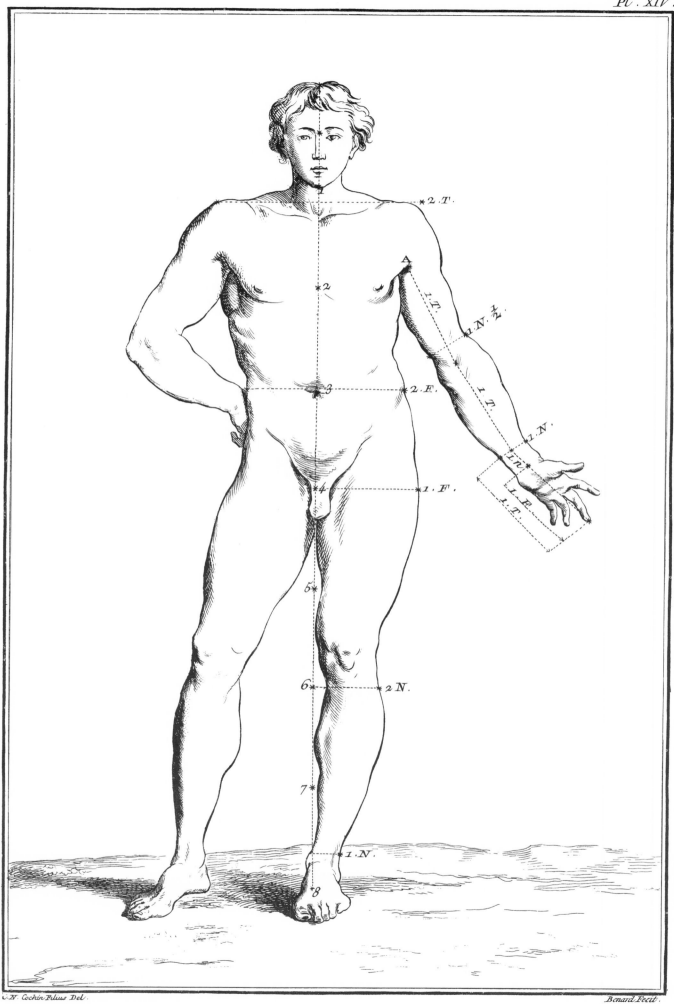

Dessein,
Proportions générales de l'Homme.

C.N. Cochin Filius Del.

Benard Fecit.

Pl. XV.

Cochin Filius Del.

Benard Fecit.

Dessein,

Figure Académique.

Pl. XVI.

Cochin Filius Del.   Prevost Sculp.

Dessein,
Figure Académique

Pl. XVII.

Fragonard Del.

Benard Fecit

Dessein.
Figure Académique.

Pl. XVIII.

Fragonard Del.

Benard Fecit.

Dessein.

Figure Académique.

Pl. XIX.

J. Jouvenet Del.

Benard Fecit.

Dessein, Figures Grouppées.

C.N. Cochin Filius Del.

Prev. sculpsit

Dessein.

C. N. Cochin Filius Del.

Prevost Sculp.

Dessein.

Pl. XXII.

Fig. 1.

Fig. 2.

Benard Fecit.

Dessein, Enfans.

Fig . 1 .

Fig . 2 .

Fig . 3 .

Fig . 4 .

Prevost Fecit

Dessein, *les Ages*.

Fig . 2 .

Fig . 1 .

Fig . 4 .

Fig . 3 .

le Brun Pinx.

Benard Fecit.

Dessein,
Expreſsion des Paſsions.

Pl. XXV.

Fig. 1.

Fig. 2.

Fig. 3.

Fig. 4.

le Brun Del.

Benard Fecit.

Dessein,

Expression des Passions.

Pl. XXVI.

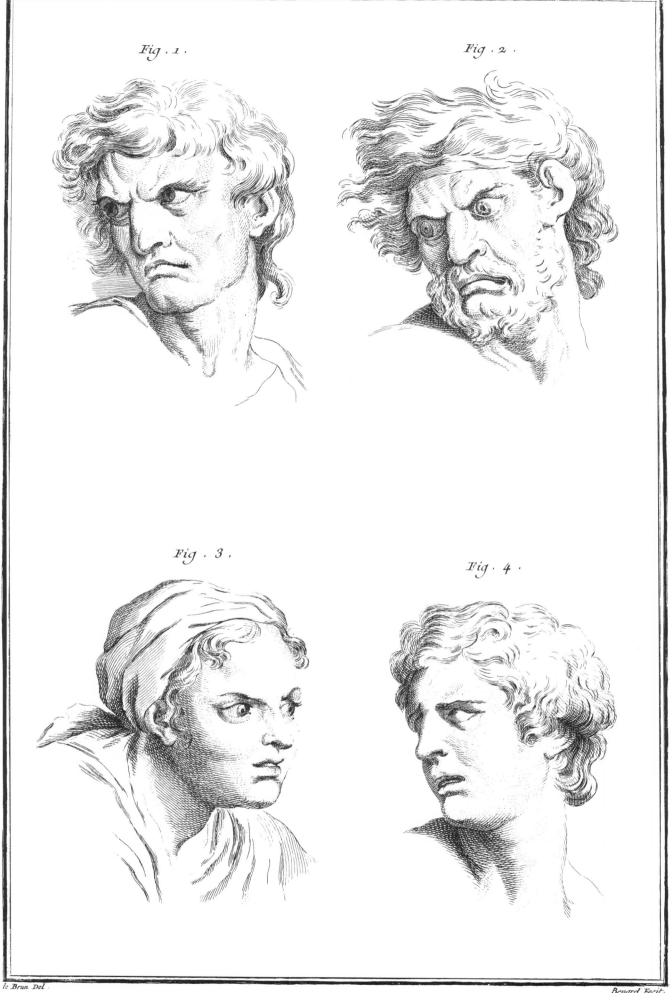

Fig. 1.   Fig. 2.

Fig. 3.   Fig. 4.

le Brun Del.   Benard Fecit.

Dessein,
Expreßion des Paßions.

Pl. XXVII.

Fragonard Del.

Bénard Fecit.

Dessein,
Draperie Jettée Sur le Mannequin.

Fig . 1 .

Fig . 2 .

Fig . 3 .

Bouchardon Del.

de la Hire Del

Benard Fecit.

Dessein,
Figures Drapées.

Fig . 1 .

Fig . 2 .

Bouchardon Del.

Fig . 3 .

Fig . 4 .

Poussin Del.

Benard Fecit

Dessein,
Figures Drapées .

Benard Fecit

Dessein,
Pensée ou Croquis.

A Carache Del.

Benard Fecit.

Dessein, Etude.

Benard Fecit

Dessein,
Etude de Paysage.

Pl. XXXIII.

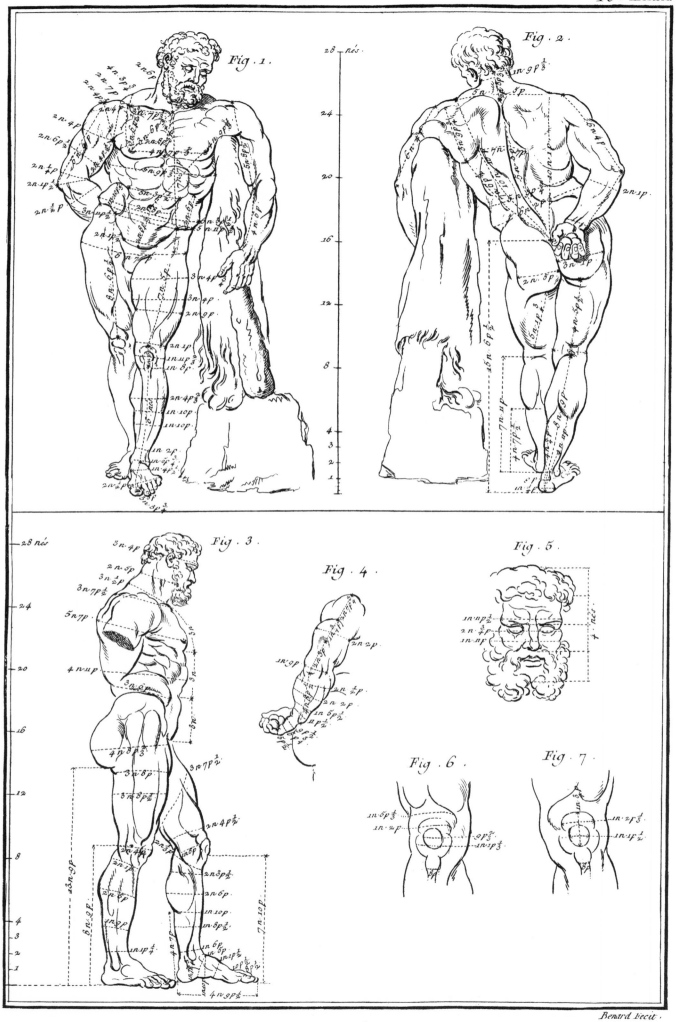

Dessein,

Proportions de l'Hercule Farnese.

Benard Fecit.

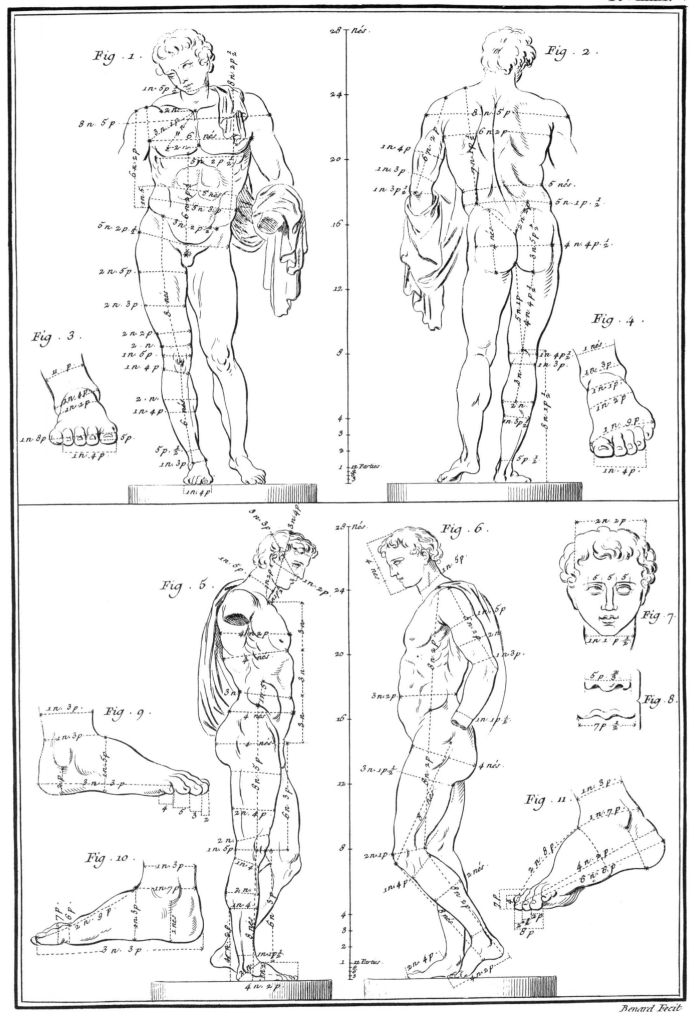

Pl. XXXIV.

Dessein,
Proportions de la Statue d'Antinoüs.

Benard Fecit

Pl. XXXV.

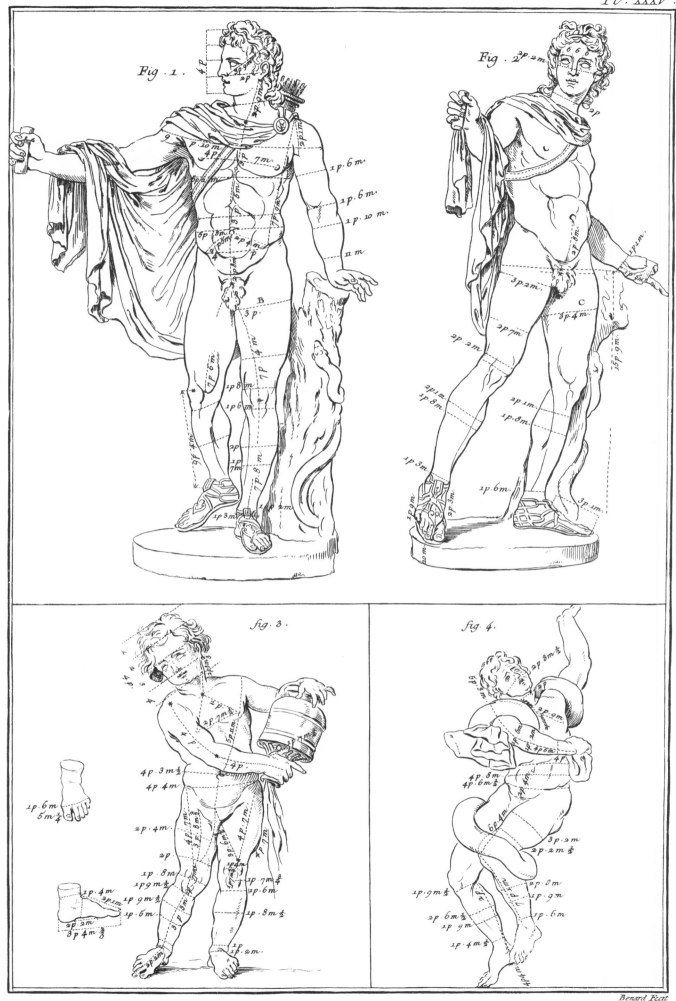

Dessein,
Proportions de l'Apollon Pythien.

Benard Fecit

Pl. XXXVI.

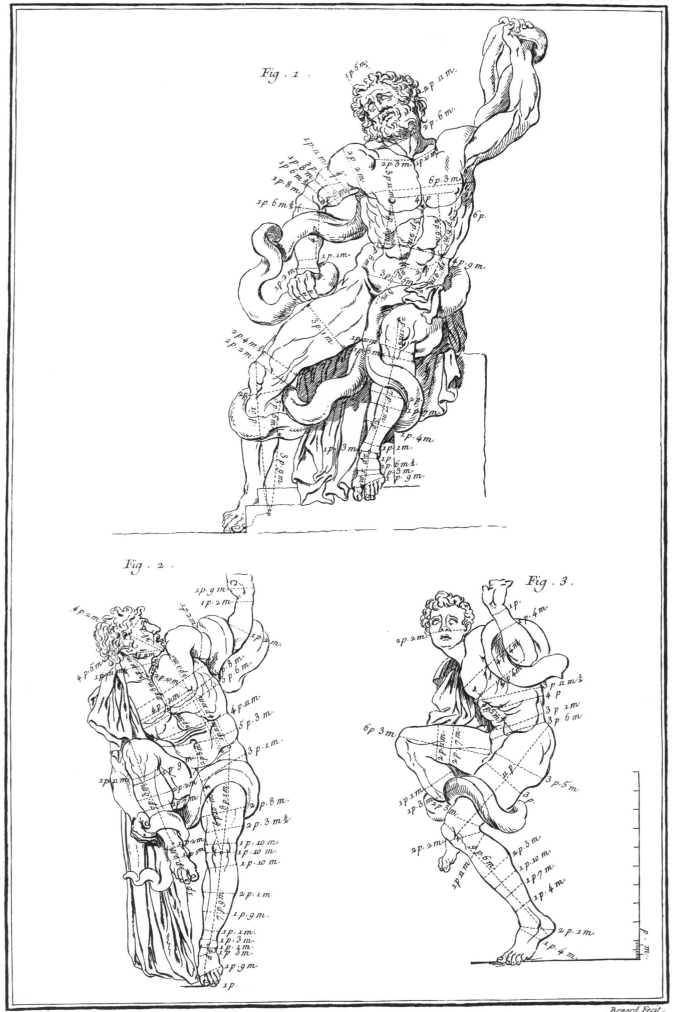

Fig. 1.

Fig. 2.

Fig. 3.

Benard Fecit.

Dessein,
Proportions de la Statue de Laocoon.

Pl. XXXVII.

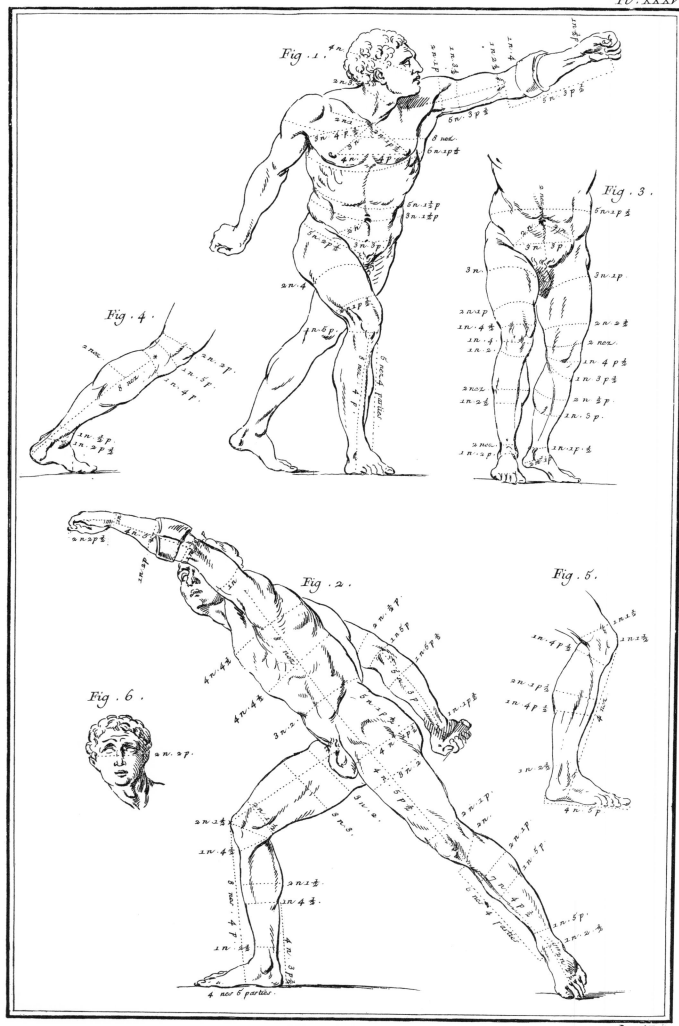

Dessein,
Proportions du Gladiateur.

Pl. XXXVIII.

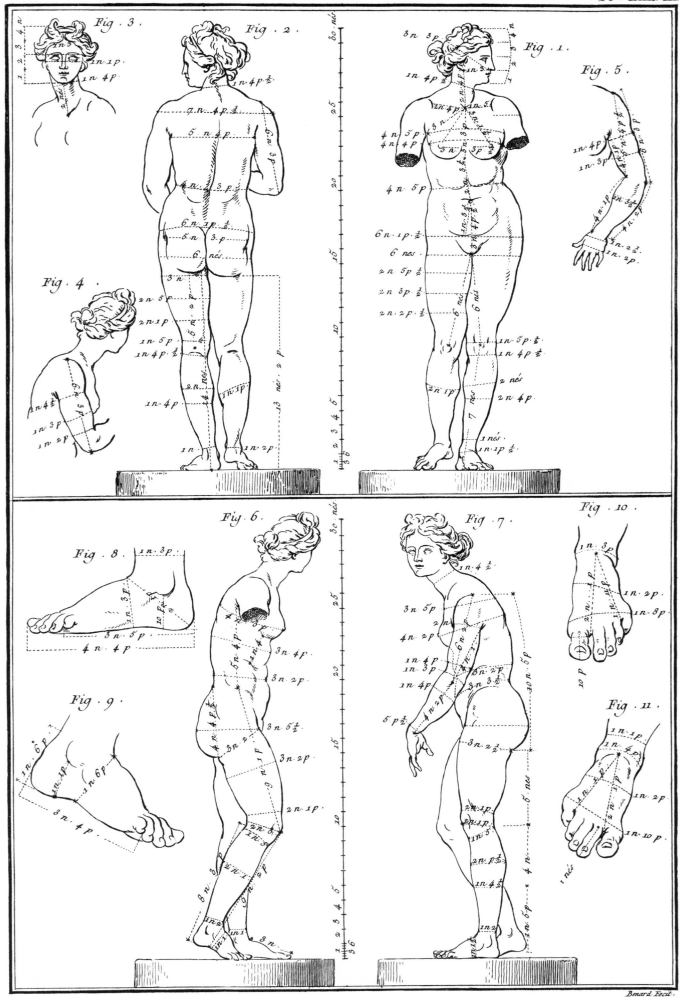

Dessein,
Proportions de la Venus de Medicis.

Benard Fecit.

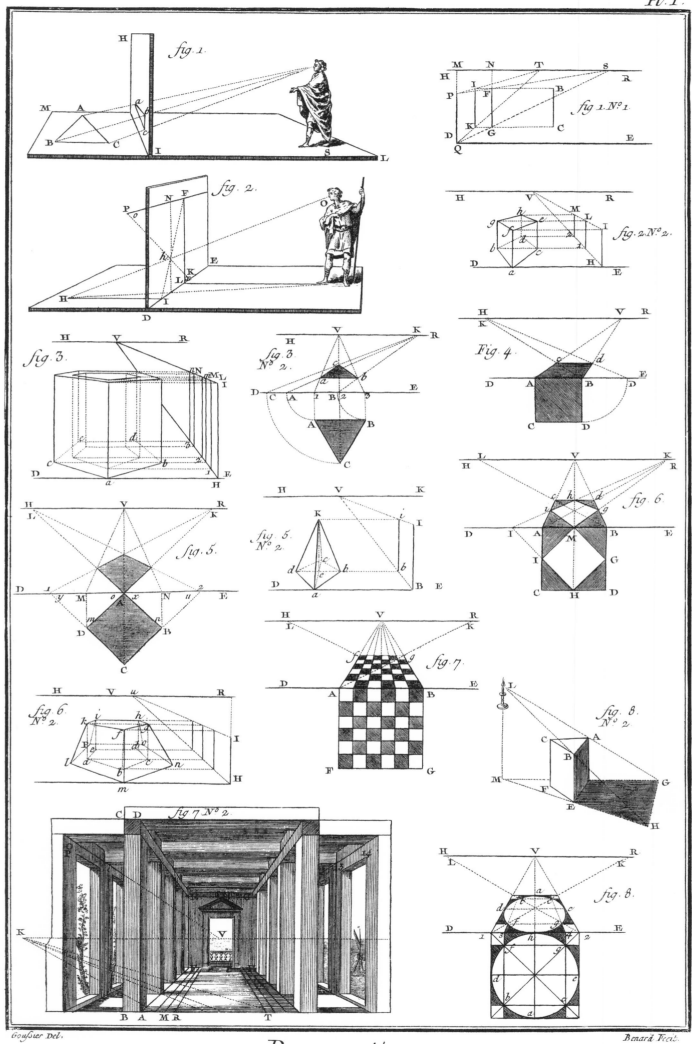

Pl. I.

fig. 1.

fig. 1. N.º 1.

fig. 2.

fig. 2. N.º 2.

fig. 3.

fig. 3. N.º 2.

Fig. 4.

fig. 5.

fig. 5. N.º 2.

fig. 6.

fig. 6. N.º 2.

fig. 7.

fig. 7. N.º 2.

fig. 8. N.º 2.

fig. 8.

Goussier Del.

Benard Fecit.

Perspective.

Pl. II.

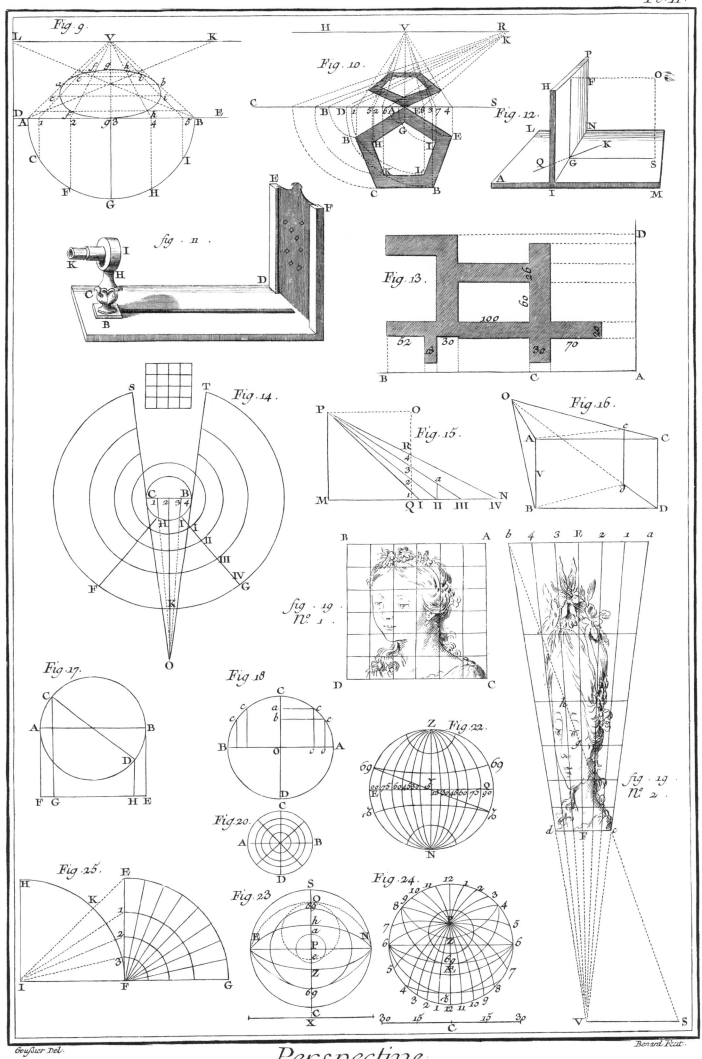

Fig. 9.

Fig. 10.

Fig. 12.

fig. 11.

Fig. 13.

Fig. 14.

Fig. 15.

Fig. 16.

fig. 19. N°. 1.

fig. 19. N°. 2.

Fig. 17.

Fig. 18.

Fig. 22.

Fig. 20.

Fig. 25.

Fig. 23.

Fig. 24.

Goussier Del.

Benard Fecit.

Perspective.

PEINTURES EN HUILE, EN MINIATURE ET ENCAUSTIQUE,

CONTENANT HUIT PLANCHES.

PLANCHE Iere.

Vignette. Cette vignette repréfente un attelier dans lequel on a tâché de réunir plufieurs genres de peintures.

La *fig.* 1. repréfente le peintre d'hiftoire. *a*, fon marche-pié. *b*, le pincelier ou grande boîte à couleurs. *c*, pierre à broyer les couleurs.

La *fig.* 2. repréfente le peintre de portraits. *d*, fa boîte à couleurs.

La *fig.* 3. repréfente un peintre occupé à réduire un tableau dont il veut faire une copie. *e*, le tableau qui lui fert de modele. *f*, la toile fur laquelle il a tracé autant de carreaux qu'il en a fait fur celui qu'il fe propofe de réduire (ou de copier).

La *fig.* 4. repréfente le peintre de portrait en miniature.

On apperçoit dans le fond de l'attelier deux figures antiques, un globe, une équerre & des livres qui font autant de chofes utiles aux peintres, & qui défignent l'étude des antiques, l'hiftoire, la géographie & l'architecture.

Bas de la Planche.

Fig. 1. Appui-main. 2. 3. & 4. Couteaux de différentes formes.
5. & 5. Broffes.
6. Bléreau dont on fe fert pour fondre les couleurs.
7. 8. & 9. Pinceaux.
10. 11. & 12. Palettes de différentes formes.

PLANCHE II.

Fig. 1. Boîte à couleurs.
2. Coupe de cette boîte.
3. Son plan.
4. Boîte de fer-blanc pour contenir les pinceaux & les veffies. *a*, le pincelier. *b*, quarré pour mettre les veffies. *c*, quarré dans lequel on met l'huile d'olive pour détremper les pinceaux.
5. Coupe du pincelier.
6. Coupe du quarré qui fert à faire tremper les pinceaux.
7. Autre boîte de fer-blanc pour mettre les couleurs en poudre.
8. Veffie pour mettre les couleurs brouillées.

PLANCHE III.

Fig. 1. Grand échaffaud à roulettes pour les grands tableaux.
2. Grande échelle avec fon banc pour le même ufage.
3. Petit marche-pié.
4. Roulettes de l'échaffaud, *fig.* 1.
5. Banc qui s'accroche aux échelons de la *fig.* 2.

PLANCHE IV.

Fig. 1. Chevalet dont la barre fe monte fans cheville par le moyen du reffort 5 qui appuie fur les dentures. 6 le montant de ce chevalet qui fert à retenir les grandes toiles à volonté, à la hauteur convenable.
2. Toile tendue fur un chaffis commun.

3. Gode-miché double pour contenir l'huile graffe & l huile d'œillet.
4. Gode-miché fimple.

PLANCHE V.

Fig. 1. Vue d'angle du chevalet, *fig.* 1. de la Pl. précédente, chiffre 2. cheville qui empêche de remuer la queue.
3. Plan du reffort.
4. Chappe du même reffort avec les dentures.
5. Toile tendue fur un chaffis à clé.

PLANCHE VI.

Fig. 1. Chevalet vu de face, & qui fe ploie du fens que l'on veut.
2. Vue perfpective du même chevalet.
3. Partie du même chevalet vue par derriere avec emmanchemens.
4. Profil du même chevalet.
5. Appui-main.
6. Chevalet ordinaire.
7. Partie du même chevalet vue par derriere.
8. Chevilles.
9. Barre pour pofer les toiles que l'on peint.
10. Pierre à broyer les paftels.
11. Boîte au paftel.

PLANCHE VII.

Uftenfiles à l'ufage du peintre en miniature.

Fig. 1. 2. & 3. Différentes palettes d'ivoire.
4. & 5. Petits pots d'ivoire pour mettre les couleurs, & que l'on renferme dans une boîte d'ivoire.
6. Différentes fortes de pinceaux.
7. 8. & 9. Trois fortes de couteaux qui fervent à broyer les couleurs.
10. Forme de palette dans laquelle font creufés différens trous pour contenir les couleurs.
11. Loupe.
12. Pierre à brouiller les couleurs.
13. Boîte d'ivoire pour mettre les petits pots à couleurs.
14. Boîte pour renfermer tous les uftenfiles du peintre, lorfqu'il va en ville.
15. Pierre de ponce.

PLANCHE VIII.

Uftenfiles à l'ufage de la peinture encauftique.

Fig. 1. 2. & 3. Différentes palettes.
4. Différens pinceaux.
5. Couteau à brouiller les couleurs fur les palettes.
6. Forme de boîte, dans laquelle on met de l'eau chaude pour fondre les couleurs.
7. Pierre à broyer les couleurs, & que l'on place fur la *fig.* 8.
8. Boîte dans laquelle font les places des godets qui contiennent les couleurs que l'on fait chanffer
9. & 10. Maniere dont on doit faire les godets à couleurs.

Pl. I.

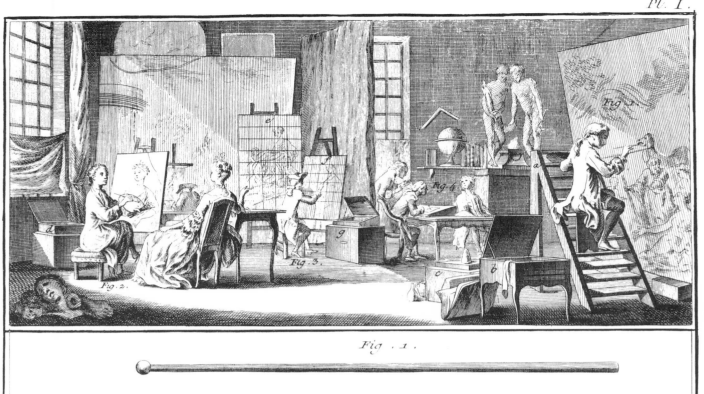

Fig. 1.

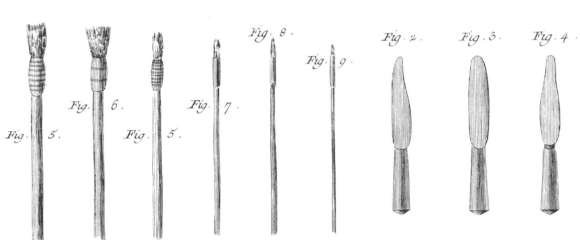

Fig. 5. Fig. 6. Fig. 5. Fig. 7. Fig. 8. Fig. 9. Fig. 2. Fig. 3. Fig. 4.

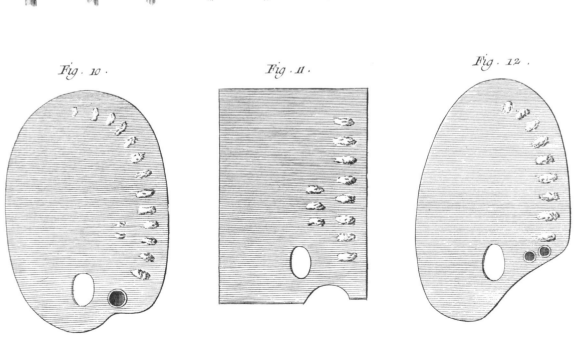

Fig. 10. Fig. 11. Fig. 12.

Prevost Del.

Benard Fecit.

Peinture,
Attelier, Palettes et Pinceaux.

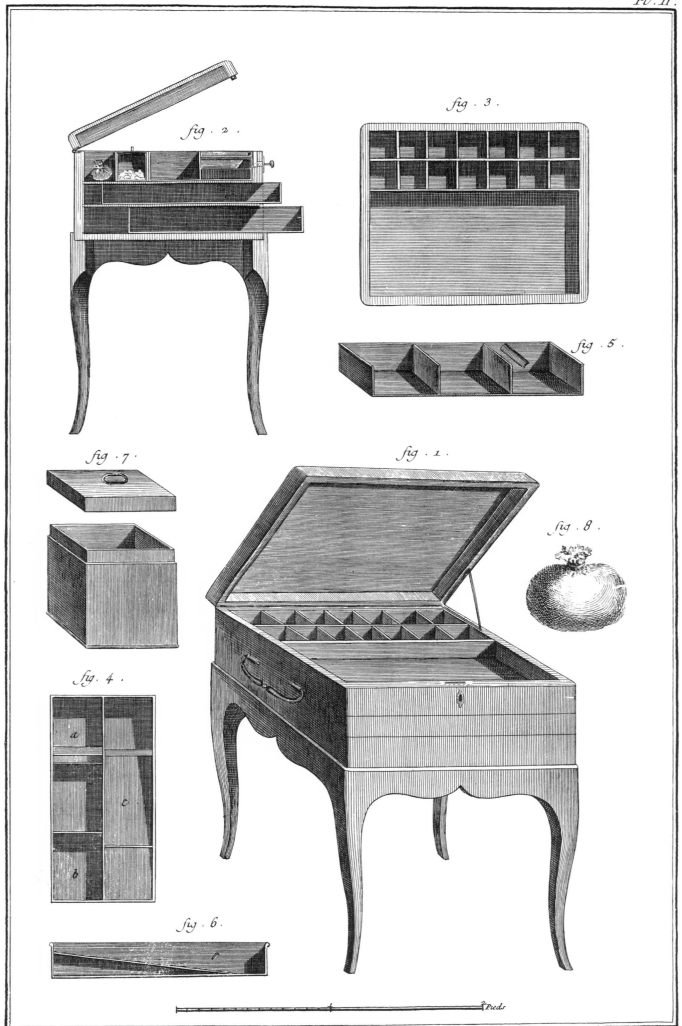

Pl. II.

fig. 2.

fig. 3.

fig. 5.

fig. 7.

fig. 1.

fig. 8.

fig. 4.

a

c

b

fig. 6.

2 *Pieds*

Bourgeois Del.

Benard Fecit.

Peinture,
Boëtes à Couleurs, Pincellier, Vessie &c.

Pl. III.

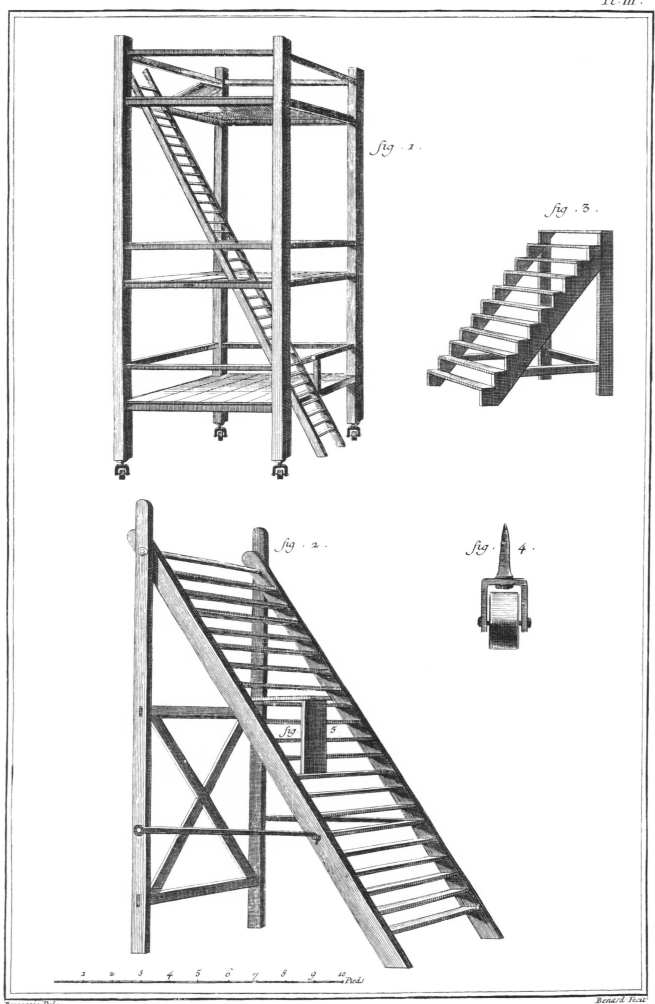

fig. 1.

fig. 3.

fig. 2.

fig. 4.

fig. 5.

1 2 3 4 5 6 7 8 9 10 Pieds

Bourgeois Del.

Benard Fecit

Peinture,
Echafaud et grande Echelle pour les grands Tableaux.

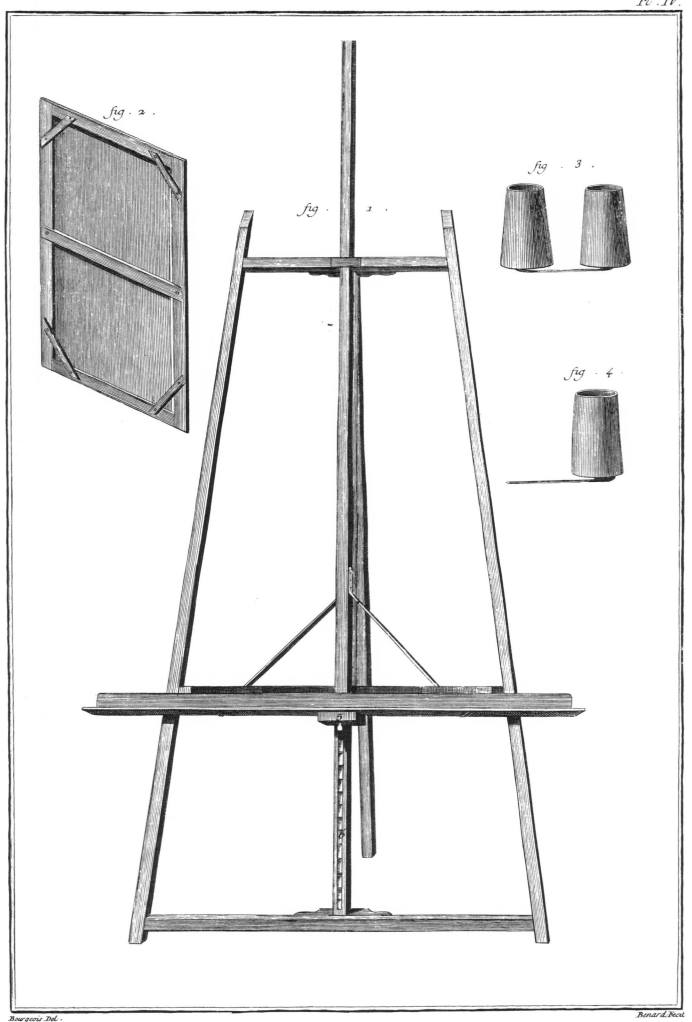

Pl. IV.

fig. 2.

fig. 1.

fig. 3.

fig. 4.

Bourgeois Del.

Benard Fecit.

Peinture

Grand Chevalet, chaßis &c.

Pl. V.

fig. 5.

fig. 1.

fig. 3.

fig. 4.

Fig. 2.

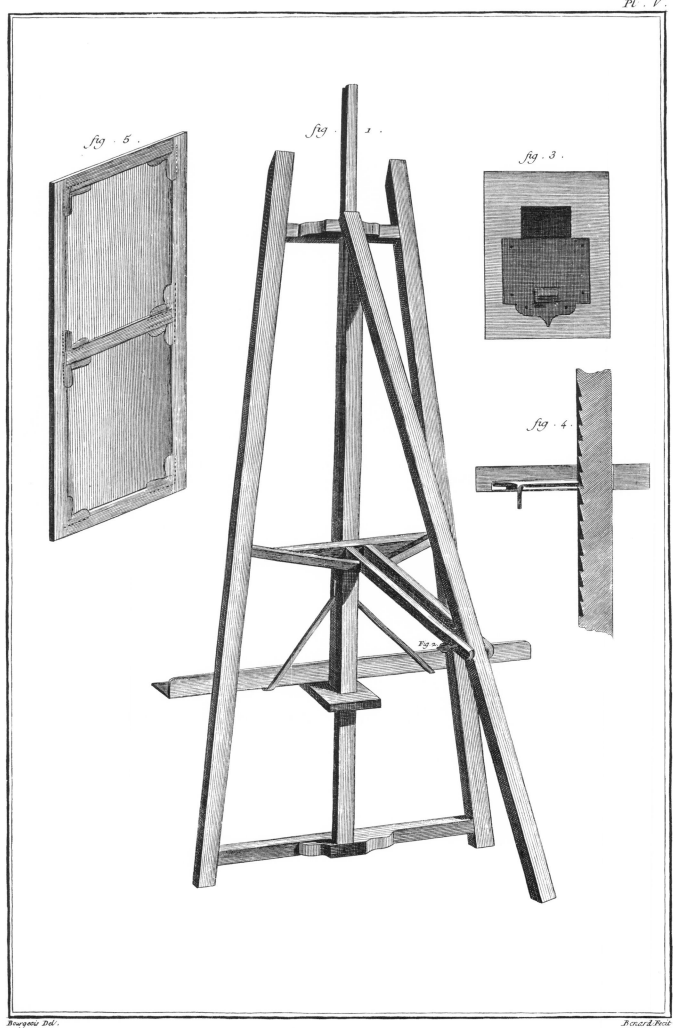

Peinture,
Vue d'angle du grand Chevalet, et Chaſsis à Clef.

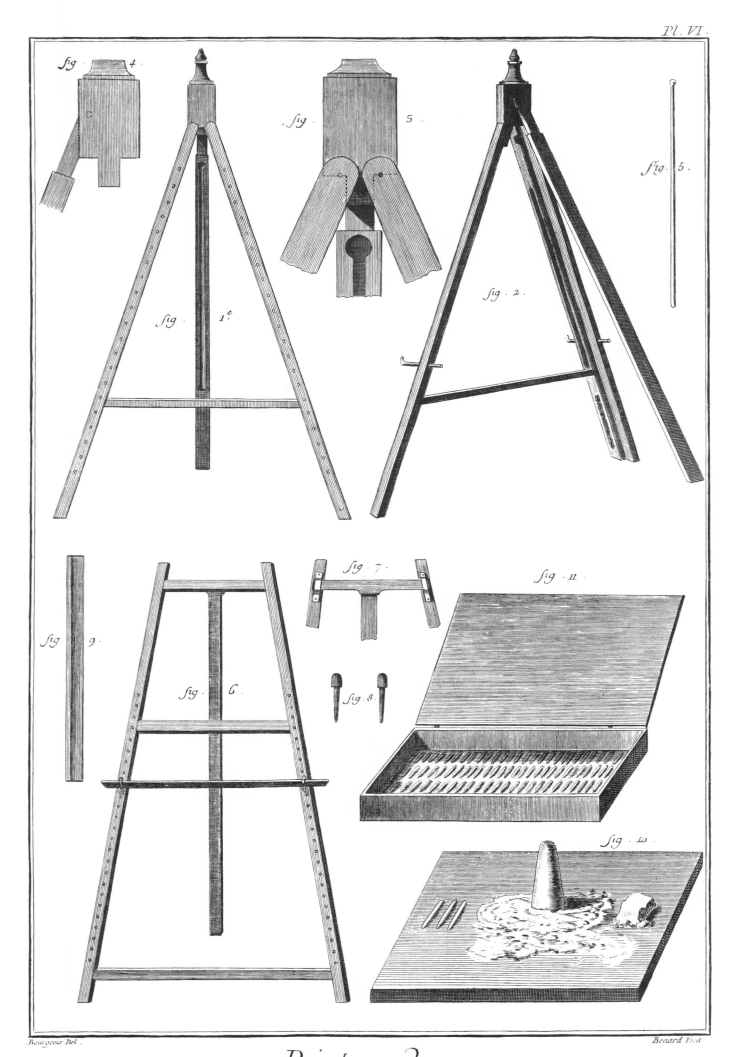

Pl. VI.

Bourgeois Del.

Benard Fecit

Peinture,

Chevalet ployant et Chevalet ordinaire, Bôete au Pastel et Pierre pour les broyer.

Pl. VII.

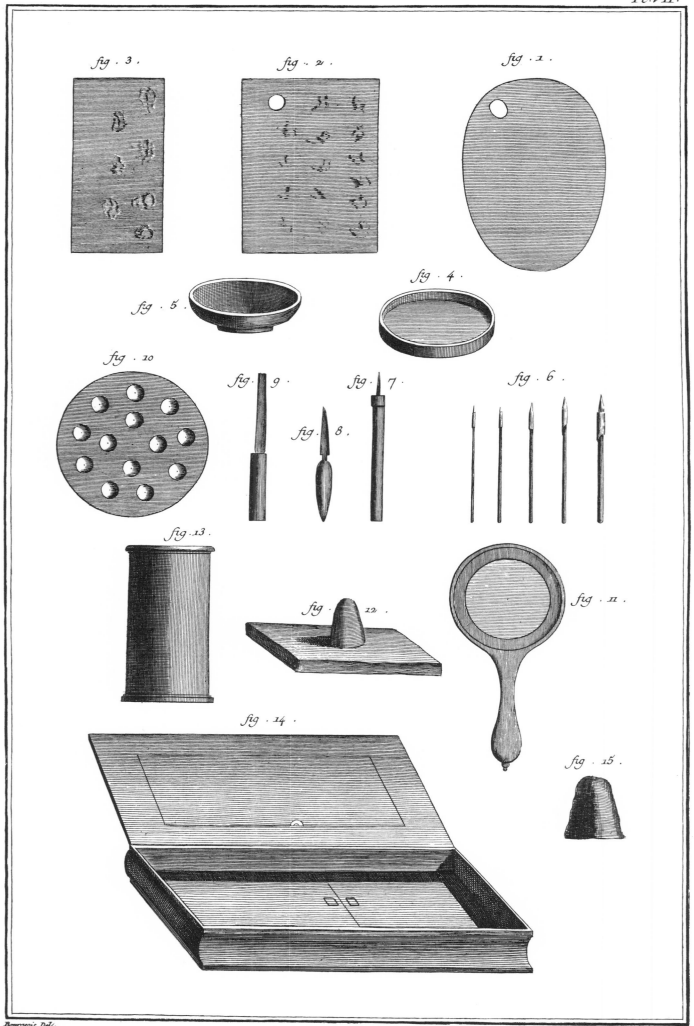

fig. 3. fig. 2. fig. 1. fig. 5. fig. 4. fig. 10. fig. 9. fig. 8. fig. 7. fig. 6. fig. 13. fig. 12. fig. 11. fig. 14. fig. 15.

Bourgeois Del.

Benard Fecit

Peinture

Ustenciles à l'usage du Peintre en Miniature

Pl. VIII.

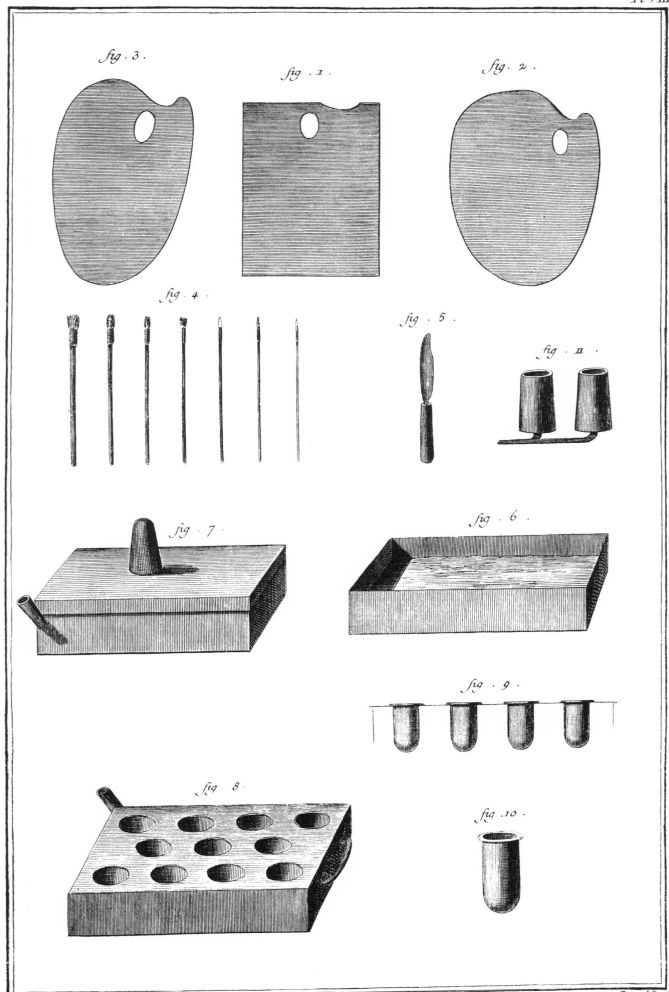

Peinture,
Ustenciles de la Peinture Encaustique.

MOSAÏQUE,

CONTENANT cinq Planches, équivalentes à six par une Planche double.

PLANCHE Iere.

LE haut de cette Planche repréſente un attelier où font pluſieurs ouvriers travaillans à la moſaïque ; les uns *a* occupés à tracer les petites pieces de marbre ſelon les endroits où elles doivent être employées, un autre *b* à les polir & un autre *c* à les aſſembler pour en faire des tableaux, portraits, *&c.* Cet attelier eſt ſemé çà & là de différens ouvrages de moſaïque.

La *fig.* 1. eſt un payſage repréſentant un pêcheur ſur une barque parcourant les bords du Nil.

PLANCHE II.

La *fig.* 2. repréſente le palais d'un prince ſouverain, & ſur le devant deux barques de pêcheurs.

La *fig.* 3. repréſente pluſieurs animaux de différentes eſpeces.

La *fig.* 4. repréſente l'enlevement d'Europe par Jupiter changé en taureau.

PLANCHE III.

La *fig* 5. eſt une ſtatue tenant en ſa main gauche des pavots, ſymboles du ſommeil.

La *fig.* 6. eſt une ſeconde repréſentation de l'enlevement d'Europe par Jupiter.

La *fig.* 7. repréſente trois dauphins, deux écreviſſes de mer, un polype, Neptune avec ſon trident, ou quelqu'autre dieu marin. Au bas de cette figure ſont les veſtiges de poiſſons dont un eſt inconnu, un autre reſſemble à un veau marin, & le dernier à un cheval.

PLANCHE IV.

Cette Planche trouvée en la ville de Paleſtrine repréſente une portion de la haute Egypte où le Nil eſt débordé. A eſt un temple au-deſſous duquel eſt l'empe-reur Adrien ſuivi d'officiers & de ſoldats. B ſemble être la demeure des prêtres de ce temple. C eſt un autre temple où ſont des prêtres égyptiens, près deſquels eſt la figure d'Anubis. D eſt la maiſon d'un pere de famille. E repréſente une fête de l'Egypte, où ſont des figures aſſiſes ſous un berceau chargé de raiſin. F eſt une cabane. G ſont des égyptiens ſur une barque. H & I ſont des hyppopotames. K ſont des figures qui ſemblent être les miniſtres du temple voiſin. L eſt un autre temple. M ſont deux maiſons en tours quarrées, une en tour ronde & deux cabanes. N eſt un grand édifice ſemblable aux palais d'Egypte. Le haut de cette Planche repréſente des éthiopiens occupés de la chaſſe pendant les inondations du Nil.

PLANCHE V.

La *fig.* 1. eſt une table avec caſes contenant des marbres de différentes couleurs. A eſt la table qui la ſoutient, & B B les tréteaux d'aſſemblage.

La *fig.* 2. eſt un établi. A eſt l'établi. B B en ſont les piés d'aſſemblage. C D E, étaux de bois, dont C eſt la jumelle dormante, D la jumelle mouvante, & E la vis à écrou. F ſont des petits morceaux de marbre. F eſt la ſébille contenant de l'émeril.

La *fig.* 3. eſt une petite ſciotte. A en eſt le fer, & B ſa monture de bois.

La *fig.* 4. eſt un petit compas droit. A A en ſont les pointes, & B la tête.

La *fig.* 6. eſt un archet ou arçon. A en eſt la corde, & B l'arc.

La *fig.* 7. eſt un trépan. A en eſt le bout acéré. B la pointe arrondie, & C la boîte.

La *fig.* 8. eſt une lime quarrelette. A en eſt la lime, & B le manche.

La *fig.* 9. eſt une pince.

La *fig.* 10. eſt une pince différente de cette derniere. A en eſt la charniere.

Pl. I.

Fig. c.

Fig. a.

Fig. b.

fig. 1.

Lucotte Del.

Benard Fecit.

Mosaique.

Attelier et Ouvrages.

Pl. II.

Fig. 3.

Fig. 2.

Fig. 4.

Mosaique, Ouvrages.

Pl. III.

Fig. 6.

Fig. 5.

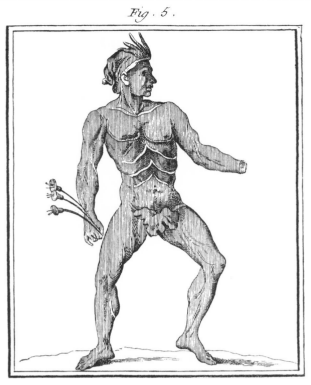

Fig. 7.

Lucotte Del.

Benard Fecit.

Mosaïque, Ouvrages.

Pl. IV.

Mosaïque de Palestrine

Pl. V.

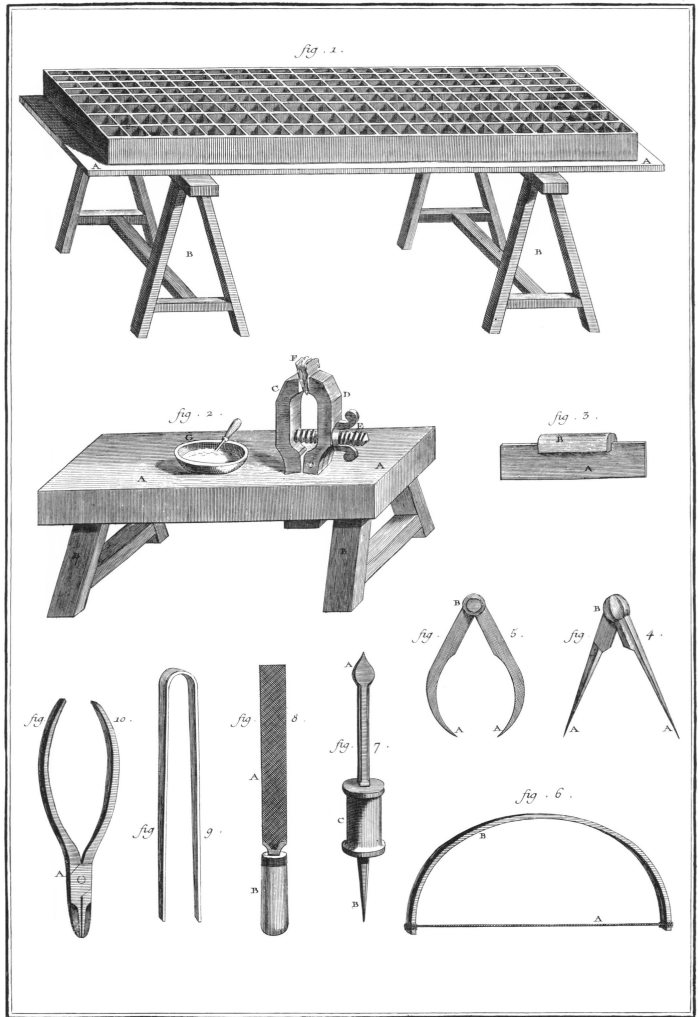

fig. 1.

fig. 2.

fig. 3.

fig. 5.

fig. 4.

fig. 10.

fig. 8.

fig. 9.

fig. 7.

fig. 6.

Luvotte Del.

Benard Fecit.

Mosaïque,
Table, Caze et Outils.

Achevé d'imprimer
par MAME Imprimeurs à Tours
Dépôt légal : mars 2002 (N° 02012037)